Outdoor für Indoors

Mit *harten* Methoden
zu *weichen* Zielen

Michael Großer

PRAKTISCHE ERLEBNISPÄDAGOGIK
vormals Fachverlag Dr. Sandmann

Wichtiger Hinweis des Verlages: Der Verlag hat sich bemüht, die Copyright-Inhaber aller verwendeten Zitate, Texte, Bilder, Abbildungen und Illustrationen zu ermitteln. Leider gelang dies nicht in allen Fällen. Sollten wir jemanden übergangen haben, so bitten wir die Copyright-Inhaber, sich mit uns in Verbindung zu setzen.

Der Inhalt des vorliegenden Buches liegt in der Verantwortung des Autors.

Bibliografische Information Der Deutschen Bibliothek
Die Deutsche Bibliothek verzeichnet diese Publikation in der Deutschen Nationalbibliografie; detaillierte bibliografische Daten sind im Internet über *http://dnb.ddb.de* abrufbar.

ISBN 3-934 214-90-8

Verlag	ZIEL – Zentrum für interdisziplinäres erfahrungsorientiertes Lernen GmbH Neuburger Straße 77, 86167 Augsburg 2. überarbeitete Auflage 2003
Grafik und Layoutgestaltung	Petra Hammerschmidt, *alex media* Heilig-Kreuz-Straße 24, 86152 Augsburg
Illustrationen	Oliver Eger
Druck und buchbinderische Verarbeitung	Kessler Verlagsdruckerei Michael-Schäffer-Straße 1 86399 Bobingen

Zielgruppe/Zweck und beabsichtigte Ergebnisse

Dieses Buch wendet sich vor allem an Personal- und Verhaltenstrainer, Pädagogen, Sozialarbeiter, Ausbilder, Trainings- und Personalverantwortliche, Outdoor-Trainer etc. Kurz an alle, die entweder Sozialkompetenz vermitteln wollen (oder müssen), und an Leute, die sich tiefer gehend über den Stand des Outdoor-Trainings informieren möchten.

Es soll dabei helfen,

- neue Anstöße für die Vermittlung von Sozialkompetenz und Schlüsselqualifikationen zu erlangen;
- einen Standard für LowEvents zu etablieren;
- den Mythos Outdoor-Training pragmatisch zu entschleiern;
- eine Trainingsmethode anwendungsgerecht zur Verfügung zu haben;
- Anbieter zu beurteilen.

Was dieses Buch kann

Laien und Profis die Auswahl und Durchführung von erlebnispädagogischen Übungen unter bestimmten Gesichtspunkten ermöglichen.

Was dieses Buch nicht kann

Eine Trainerausbildung ersetzen und der Weisheit letzter Schluss sein.

Inhaltsverzeichnis

Indoor...

Einleitung

1 Einleitung

Man kann die hier beschriebenen Übungen aufbauen und abhalten. Man soll jedoch nicht erwarten, dass unmittelbar danach Menschen plötzlich im Team agieren oder ungeahnte Führungsfähigkeiten offenbaren. Die Übungen können, professionell durchgeführt und ausgewertet, die Teilnehmer entscheidend und schnell in eine gewünschte Richtung lenken, allerdings ist dazu stets noch Nacharbeit ohne Bretter und Seile nötig.

Der Sammler von Teamspielen, Übungen und lustigen Tricks wird enttäuscht sein: Brandneues wird hier nicht geboten. Manche der Übungen sind schon mehrere Jahrzehnte alt. Doch wie die Mode unterliegen auch solche „Spiele" gewissen Veränderungen. Hier sind Versionen und Umfelder beschrieben, die sich als besonders wirkungsvoll herauskristallisierten. Alles wurde vielfach ausprobiert und stückweise verfeinert – um für Ihre Arbeit direkt nachvollziehbar zu sein. Mit den beschriebenen Übungen können Sie etwa ein bis zwei Wochen zubringen, ohne etwas anderes zu tun. Sollten sich diese als wirkungslos erweisen, ist Outdoor-Training zur Erreichung Ihres Trainingszieles wohl nicht das Richtige.

Soziale
Kompetenz

2

2   Soziale Kompetenz

2.1   Die Entwicklung von Sozial-kompetenz als Erfolgsfaktor

In sich schnell verändernden Zeiten, die zudem immer unvorhersagbarer scheinen, kommt es auf Fähigkeiten an, die bisher eher weniger gefordert waren. Diese Fähigkeiten, die unter anderem schnelles, kreatives und präzises Antworten auf sich verändernde Märkte ermöglichen, seien unter dem Begriff Sozialkompetenz zusammengefasst. Diese Fähigkeiten unterscheiden Deutschland (neben allen weiteren hoch entwickelten Industrienationen) vom Rest der Welt. Der produziert nämlich billiger, teilweise schneller und durchaus hochqualitativ. Durch industrielle Entwicklung und schonungslose Ausbeutung von Menschen und Ressourcen in den vergangenen Jahrzehnten reduzierten die Billig-Länder den wirtschaftlichen Rückstand. Doch um vorn zu bleiben, müssen wir nur weiterhin fleißig forschen und erfinden. Aber forschen und erfinden können auch die anderen. Jawohl, es gibt Universitäten in China und Korea. Und wo es wirklich keine gibt, kommen die Leute einfach in den Westen zum Studieren. Forschungsequipment kann man überall erwerben. Sogar im abgelegenen Irak wird an atomarer Sprengtechnik gebastelt. Angesichts der Tatsache, dass es im Zeitalter einer globalen Informationsgesellschaft ziemlich unmöglich ist, Know-how lange ungeteilt zu genießen, darf man sich getrost stirnrunzelnd fragen: Ja, wie halten wir bloß Vorsprung zum Rest der Welt?

Die Sozialkompetenz des Einzelnen und eines Teams wird verstärkt zum Erfolgsfaktor eines jeden Unterfangens. Dabei ist es letztendlich egal, ob es sich um eine Firma, Behörde oder Schulklasse handelt. Immer wenn Leute miteinander zu tun haben, gibt es reiche Chancen für Synergieeffekte. Und hierin liegt die Chance des Westens. So weit zivilisiert, dass Sozialisierungen (Kastendenken, fundamental-islamistisches Frauenbild etc.) uns nicht vordergründig an der Zusammenarbeit hindern, muss es nur noch gelingen, eben nicht nur zusammenzuarbeiten, sondern dabei Synergie zu erzielen. Diese Synergie wird genügend Neues erzeugen, um den Vorsprung zu halten. Doch dazu braucht es verstärkter Sozialkompetenz.

2.2 Die Bedeutung der Sozial-kompetenz im Unternehmen

Stellen Sie sich ein Unternehmen als Brücke vor, gebaut über das tiefe Tal der Markt-bedingungen, Zulieferer mit Kunden verbindend. Bevor diese Brücke geschlagen wird, gilt es zuerst eine Stelle zu finden (die Marktlücke), an der es lohnt, den Brückenschlag vorzu-nehmen. An vielen Stellen sind schon Brücken vorhanden, an manchen Stellen ist das Gelände nicht geeignet, an anderen Stellen fehlt die Anbindung an das vorhandene Wegenetz, sprich der Bedarf ist für eine solche Leistung nicht oder noch nicht vorhanden. Ist der richtige Platz, ein Produkt, eine Dienstleistung oder was auch immer gefunden, beginnt die Erschließung des Baugrundes und der Aufbau der Rohkonstruktion. Hier wer-den Menschen benötigt, die anpacken, improvisieren und genügend Mut aufbringen, über-haupt eine Brücke zu schlagen.

Sobald die Konstruktion steht, setzt der Warenfluss ein, die Straße vom Rohstoff zum Käufer eines Produktes wird rege befahren. Die Menschen, die mit ihrem Pioniergeist all dies ermöglichten, werden langsam unruhig und suchen neue Stellen, um noch mehr Brücken zu errichten. Finden sie keine, so kehren sie zurück, die eigene zu vergrößern. Oft bestehen jedoch links und rechts keine Freiräume mehr, um ein Unternehmen zu erwei-tern. Der Markt ist aufgeteilt und – ganz im Gegenteil – der Nachbar selbst versucht zu verdrängen oder Produkte befinden sich in ihrem Lebenszyklus in der Sterbephase etc. Die Struktur mit ihren Rahmenbedingungen steht also fest, lediglich die Art und Weise der Überquerung der eigenen Brücke lässt sich in diesem Falle noch optimieren. Schneller, sicherer *(es fällt nämlich im Gedränge viel hinunter ins Wasser, statt beim Kunden in der tolerierten Bandbreite der definierten Qualitätsvorgaben anzukommen)*, effizienter, billiger, schonender und sparsamer könnten die Abläufe gestaltet werden.

Kontrollierten in der Aufbauphase nur wenige Leute die wesentlichen Vorgänge, so ist diese Übersicht inzwischen verloren. Tief in den Eingeweiden der Brücke sind Menschen unterwegs, die sich ihren Lebensunterhalt verdienen müssen und deshalb auftragsgemäß hier Rost kratzen, da eine verstopfte Regenablaufrinne öffnen, weiter oben den Straßen-belag ausbessern oder das Geländer reparieren usw. Ohne dabei in der Lage zu sein, sich mit all ihrer potenziellen Intelligenz, ihrer Kreativität und vollen Motivation in den Prozess einbringen zu können. Ihre Arbeit wird mehr und mehr fremdbestimmt, fremdorganisiert und undurchschaubar.

Doch die Zeiten waren gut, viele Kunden verstärkten ständig den Warenfluss über die Brücke und das Einkommen der Brückenarbeiter war gesichert. Und es kam, wie es kom-men musste, da die Arbeit ja nur als ein mehr oder weniger notwendiges Übel erlebt wurde, die Kunden erschienen zunehmend nicht mehr als Glücks-, weil Ernährungsfaktor, sondern als lästige Plage. Denn eigentlich wollten die wenigsten Brückenarbeiter, die jetzt mit Routinearbeiten beschäftigt sind, Brückenarbeiter sein …

Sie versuchten trotzdem, das Beste aus der ganzen Misere zu machen. Sie versuchten, eine Art Sinn in ihrer Arbeit zu finden. Irgendeine Möglichkeit, ihre natürliche Kreativität und Neugier einzubringen. Irgendwie einer langweiligen und tristen Angelegenheit etwas Charmantes, ja vielleicht sogar Aufregendes abzugewinnen. Doch es will nicht recht gelingen. Denn es ist ihnen das Freudige, Spielerische abtrainiert worden. Das Einzige, was ihnen oft nur blieb, ist die Ergebnisse ihres unbewusst absolvierten, mentalen Drillprogramms als etwas Wertvolles zu betrachten. Weil es immerhin vorgaukelt, dass, je mehr man sich an die Routinen und Vorgaben des Vorgesetzten hält, es umso leichter und schmerzfreier wird, sauer verdientes Geld nach Hause zu tragen. Wenn schon keine Freude am Leben und an der Arbeit, dann wenigstens so wenig Frusterlebnisse wie möglich!

Beim geschäftigen Treiben der Brücke ist nun ein kritischer Punkt erreicht: Der Einzelne kann seinen Beitrag am Brücken-(Unternehmens-)Ergebnis nicht mehr erkennen. Er weiß immer seltener, wann seine Arbeit Sinn ergibt und wann seine Ergebnisse aus Kundensicht nicht mehr ausreichend sind. Und niemand kommt vorbei und klärt ihn aufbauend auf. Denn seinen spezialisierten Vorgesetzten geht es ähnlich. So gelingt es ihm also auch über Umwege nicht, sein Selbstwertgefühl, seine Lebenslust durch (Lern)Erfolgserlebnisse aus dem „Brückenalltag" zu steigern.

Entsprechend sinkt die Motivation, etwas engagiert, schnell und richtig zu tun. Es sinkt auch die Motivation, überhaupt etwas zu erkennen, was schnell und richtig getan werden müsste. Manche sind inzwischen so weit von ihrer natürlichen Sozialkompetenz und damit Leistungskraft entfernt, dass sie immer öfter versuchen, gar nichts mehr zu unternehmen. Hauptsache, nicht unangenehm auffallen.

Die Pioniere, die kühnen Erbauer der Brücke (die Anteilseigner und Führungskräfte) können die Welt nicht mehr verstehen: Sie haben sich so große Mühe gemacht und jetzt will das „undankbare Volk" seinen Pflichten nicht nachkommen. Doch irgendwie müssen die Probleme geradezubiegen sein. Managementmodelle und Trainingsmodule werden zunehmend als Ersatz für den gesunden Menschenverstand eingesetzt, um im Sinne der Problembeseitigung alle betroffenen Mitarbeiter auf Linie zu bringen. Und nach einer Weile passiert es dann auch tatsächlich, dass man mit gesundem Menschenverstand nicht mehr weiterkommt. Dann sind die Menschen derart verhärtet, dass „obskure" Sachen wie Meditation, Outdoor-Training, Feuerläufe usw. nötig scheinen, um die starren Krusten zu lockern.

Manchmal kommen nun schlaue, gut bezahlte Leute herabgestiegen und sehen: „He, das ist ja ein Rostfleck, da hat wohl jemand das Anstreichen verlernt!", und arrangieren ein Training im Anstreichen. Leider bringt das nur wenig Besserung, drum kommen etwas später andere, die unruhig geworden sind: „Na, eventuell ist hier jemand zu faul, wir sollten wieder mehr kontrollieren und die Fleißigen nach Quadratmetern bezahlen!" Clevere Beaufsichtigte streichen nun weltmeisterlich, denn es geht nach Fläche, dabei entrosten sie ungenügend (wird ja nicht bezahlt und ist deshalb wohl unwichtig) und streichen gar mehrfach, während der Verfall der Brücke unter der Farbe voranschreitet. Andere kriechen tiefer zurück in den Unterbau, dahin, wo die (mental zu unbeweglichen) „Kontrolleure" nicht hingelangen. Wenn schon kein Spaß am Leben, dann wenigstens etwas mehr Bequemlichkeit und trotzdem gute Bezahlung. Mit innerer Kündigung im Herzen fristen sie ein Dasein ohne Verantwortung, Kreativität und Selbstbestätigung. In all diesen Fällen gilt die Bezahlung als eine Art Schmerzensgeld für erlittene Entwürdigung.

So kommt es, dass die geelchte A-Klasse von Daimler Benz genauso wie die brennenden Tankstutzen von Opel oder die abreißenden Hängerkupplungen von VW als Tod, Gefahr und Plage den enttäuschten und verunsicherten Kunden ereilen. So geschieht es jahraus, jahrein, dass der Kunde als Bedrohung und Hoffnung gleichzeitig erlebt wird.

Wer die Übrigen mental überholte (oder unterbutterte?), alles besser wusste und anderen keine Mitsprachemöglichkeiten zur Entfaltung einräumte, sich selbst jedoch mit möglichst vielen Lorbeeren schmückte, kam prima weiter. Dass die Partner (Mit-Arbeiter statt Untergebenen) dazu wenig Lust verspürten, machte nicht viel, da die geringe Arbeitslust durch Management-by-Angst trotzdem im Vergleich ganz akzeptable Arbeitsergebnisse brachte. Denn immerhin lief es so ja mehr oder weniger in allen Firmen und Organisationen der westlichen Industrieländer ab.

Doch spätestens seit die Japaner und die Menschen in den so genannten „Tigerstaaten" ihre Armut beenden wollten und dafür fast jede Anstrengung auf sich nahmen, um den Anschluss an die übermächtigen Industrieländer zu finden, zeigte sich, dass es so nicht mehr weiterging.

Die Leistung musste erheblich gesteigert werden. Da machten Vorgesetzte und Manager sich die allgemeine Erkenntnis zunutze, dass Menschen und Kühe eine gewisse psychologische Ähnlichkeit aufweisen: Wenn sie gut behandelt werden, bringen sie mehr Leistung.

Während es in den Fünfziger- und Sechzigerjahren reichte, patriarchalisches Schulterklopfen und das wichtige *„Guten Morgen!"* als Motivationsinstrument einzusetzen, wurden in den Siebziger- und Achtzigerjahren vergleichsweise fortgeschrittene Führungsmodelle wie Management-by-Objectives eingeführt. Doch die Schraube nahm kein Ende mehr.

Was die einen begannen, mussten immer mehr nachmachen, um Schritt halten zu können. Was Unternehmen in asiatischen und osteuropäischen Ländern durch niedrige Löhne an Druck auf die Konkurrenten in Europa und USA ausübten, musste dort mit immer intelligenteren technischen und arbeitsorganisatorischen Maßnahmen aufgefangen werden. Eine Rationalisierungswelle nach der anderen überschwemmte den Arbeitsmarkt mit noch mehr Arbeitslosen.

Der soziale Frieden – auch hierzulande – scheint gefährdet. Nicht zuletzt deshalb, weil Downsizing eben keine Antwort auf die drängenden betriebswirtschaftlichen Probleme sein kann. Die zunehmende Globalisierung in vielen Märkten erlaubt keine Ideenlosigkeit im Management eines Unternehmens mehr. Entlassungsaktionen verschaffen heute nur noch kurze Atempausen. Das Management ist leer und ausgebrannt. Die Isolation in den Unternehmen und Organisationen hat zu menschlicher Entfremdung und latent aggressiver Gegnerschaft geführt. Auch wenn diese nur selten ausbricht ... Führungskräfte besitzen heute nur noch wenig Wissen, wie die Produktivkräfte preisgünstig durch kontinuierliche Verbesserungen in ihren Verantwortungsbereichen gesteigert werden können, aber was viel mehr Tragweite besitzt: Sie allein haben nicht mehr die Kraft, das Schiff erfolgreich auf Kurs zu bringen. Der Rest der Mannschaft, der bisher mehr ein kümmerliches Schattendasein fristete, wird nun gebraucht, um Segel zu setzen und mehr Fahrt zu machen!

Spätestens jetzt ist der Punkt erreicht, an dem es überlebenswichtig wird, sich partnerschaftlicher mit den „Brückenarbeitern" zu befassen, da letztendlich nur über diese ein langfristig funktionierender Übergang zum Kunden betrieben werden kann.

Das Bewusstsein und die Handlungskompetenz der Menschen in hunderttausenden von Unternehmen allein in Europa hat sich bisher nicht analog zu den Problemen der Firmen entwickelt, vielleicht weil es dazu in der Vergangenheit keine Chance, keine Notwendigkeit, keine Mittel gab oder weil die Bedeutung jedes einzelnen Mitarbeiters einfach unterschätzt wurde. Genug nun von dieser Metapher, um die Notwendigkeit zu erläutern, dass eine schnell anwachsende Sozialkompetenz aller Mitarbeiter die so dringlich erforderlichen Leistungsverbesserungen im Unternehmen – auf mittlere und lange Sicht gesehen – erst ermöglicht.

2.3 Was ist eigentlich Sozialkompetenz?

Soziale Kompetenz ist die Verfügbarkeit und Anwendung von kognitiven, emotionalen und motorischen Verhaltensweisen, die in bestimmten sozialen Situationen zu einem langfristig günstigen Verhältnis von positiven und negativen Konsequenzen führen.

Soziale Situationen umfassen alle Arten des Agierens mit und für Menschen, also Familie, Freizeit und Arbeit.

Heute haben Unternehmen kaum noch eine andere Wahl, als die soziale Kompetenz ihrer Mitarbeiter so zur Entfaltung zu bringen, dass diese Menschen sich entsprechend ihrer Menschenwürde weiterentwickeln können. Von Kostenfaktoren hin zu Erfolgsfaktoren einer Gemeinschaft, die in diesem Falle Unternehmen heißt. Die Zeit, in der Menschen als Verfügungsmasse in primitiven Rationalisierungsaktionen missbraucht werden konnten, geht allgemein in Westeuropa und anderen Regionen der Welt ihrem Ende entgegen. Heute gilt: Wer auf die Entwicklung der Menschen setzt, wird kontinuierlich finanziell reichlich belohnt werden.

Der Beweis für diese These ist relativ leicht und schnell erbracht. Während im Lauf von zehn Jahren in der Bundesrepublik Deutschland im Durchschnitt eine Produktivitätssteigerung von ca. 4,4 % erreicht wurde, gelingt es der Erfahrung nach, in einem Unternehmen, allein durch die Einführung von „echter, konsensorientierter Teamarbeit", die Produktivität um ca. 25 bis 35 % zu steigern! Und dies bereits im ersten Jahr nach Einführung dieser neuen Arbeitsorganisationsform. Scheinbar kostspielige Einführungsprozesse bringen so meist einen zehnfachen „Return of Investment" bereits im ersten Jahr. Welche Sachinvestition verursacht ähnliche Erfolge?

Doch wie immer haben die guten Dinge und Prozesse einen kleinen Haken. Nur ernst gemeinte und deshalb professionell (kongruent) durchgeführte Prozesse haben Aussicht auf Erfolg. Immerhin wird international von einer Zeitspanne von vier bis acht Jahren ausgegangen, die gebraucht wird, um „echte Teams" generieren zu können.

Wir wissen, dass es auch in kürzeren Zeiträumen zu bewerkstelligen ist. Jedoch nur mit mutigen, strategisch denkenden Führungsmannschaften wird dies realisierbar. Es gilt eine Menge alter Vorstellungen und leistungszerstörender Verhaltensweisen abzulegen und viel Neues zu erlernen. Es braucht einen ehrlichen, offenen sowie langen Atem, um den Erfolg auch stabilisieren zu können.

Wer eine schnelle Mark mit Sozialtricksereien machen will, der wird über kurz oder lang die Zeche bezahlen müssen. Wer jedoch Geld verdienen und Dankbarkeit erleben möchte, sollte herausfinden, welche kostbaren Eigenschaften bei seinen gleichwertigen Mitmenschen verschüttet und verdrängt worden sind. So sehr, dass bei vielen die Symptome der mangelhaften, weil unangemessen entwickelten Sozialkompetenz aufgetaucht sind.

Wir leben heute in einem kränklichen Land, auf einem kränklichen Erdteil. Unsere Psychiatrien und Gefängnisse sind überfüllt, die Selbstmord- und Kriminalitätsraten rekordverdächtig. Die Tendenz zur Flucht in die unterschiedlichsten „Drogen" wie Fernsehen, Urlaubsreisen, Alkohol, Kokain, Heroin etc. hat oft nichts mit Lebensgenuss, sondern mit Zusammenbruch zu tun.

Die Bedingungen, wie Menschen ihren Lebensunterhalt erleiden und erstreiten müssen, hat unser Ausbildungssystem von der Wiege bis zur Stellenbeschreibung geprägt. Es wurde zunehmend gedrillt, erniedrigt und Wissen gepaukt. Was auf der Strecke geblieben ist, sind die menschlichen Werte und Fähigkeiten, die das Leben erst lebenswert machen. Glücklicherweise sind gegensätzliche positive Entwicklungen schon seit längerem ansatzweise auf dem Weg der Verwirklichung. Doch was die notwendig einzuleitenden Reformen in unserem Bildungswesen angeht, sind die bürokratischen Fallgruben zahlreich und die Ignoranz und Beharrlichkeit unserer Parlamente und Ministerien schier unerschöpflich! Wohlgemerkt, hier soll nicht gemeckert werden, verglichen mit den meisten anderen Ländern gibt es über Deutschland eigentlich nichts zu maulen, es ist ein fantastisch geführter und gut organisierter Staat, dessen Bildungssystem Betroffenen zwar allzeit kritikwürdig scheint, obwohl es, verglichen mit dem Rest der Welt, hervorragende Absolventen entlässt. Aber eben nur „eigentlich". Soll die Spitzenposition gehalten oder ausgebaut werden, dann müssen sich einfach verschiedene Dinge den veränderten Fakten anpassen. Pisa-Verseuchte werden den vorletzten Satz mit Kopfschütteln registrieren, doch wer fernab von Testsituationen mit den Bewohnern fremder Länder kommuniziert, wird feststellen, dass vor allem die Problemlösekompetenz bei uns im Allgemeinen höher ist. Sicherlich findet man hierzulande beim Fragen am Wegesrand auch Jugendliche, die den Namen ihrer Heimatstadt nicht kennen, doch dass die Erde rund ist und ein Mobiltelefon eine funktionierende Spannungsquelle benötigt, wissen sie.

Interessant ist, dass genau die Werte und Fähigkeiten hoch entwickelter Sozialkompetenz dringend gebraucht werden, um Firmen und damit unsere ganze Gesellschaft aus der Krise zu führen. Es gibt keinen Weg mehr zurück auf die Bäume; dafür ist in unseren Wäldern nicht genügend Platz. Es gibt nur den Weg nach vorn. Dafür müssen Menschen sich auf ihre immer schon vorhandenen inneren sozialen, psychologischen und seelischen Reichtümer besinnen und sie mutig zur Entfaltung bringen.

2.4 Woran können wir Sozialkompetenz erkennen?

Das Leben und Erleben bietet viele Hinweise und eine pauschale Orientierungshilfe, um den Grad entwickelter Sozialkompetenz angeben zu können. Im Anfangsstadium der Unternehmen z. B. ist es normal, wenn Vorgesetzte sich patriarchalisch verhalten und ihre Untergebenen mehr oder weniger wie unmündige Kinder behandeln (im positiven wie auch im negativen Sinne), die kaum in der Lage sind, den Prozess intellektuell mitzugestalten, denn hier ist hauptsächlich routinierte Arbeitsleistung gefragt.

Um jedoch Leadership, also Marktführerschaft, erreichen zu können, muss eine Organisation weitflächig ihre Sozialkompetenz steigern. Der überwiegende Teil aller Mitarbeiter muss nun mindestens das Stadium kooperativer, d. h. konsensorientierter Teamarbeit erreicht haben. Nur durch Kreativität und Offenheit dem jeweiligen Kunden gegenüber kann Leadership entstehen. Hier muss also die soziale Kompetenz der Mitarbeiter entsprechend anwachsen bzw. freigesetzt werden. Um den Unternehmenserfolg ernten zu können, der sich aus dem Leistungsprofil von Leadership ergibt, müsste beispielsweise ein hoher Prozentsatz an Mitarbeitern und Führungskräften über echte „persönliche Reife" verfügen.

Die Sozialwissenschaften liefern Erkennungsmerkmale für vorhandene bzw. nicht vorhandene Sozialkompetenz.

Indizien dafür, dass der momentane Stand des Unternehmens diesbezüglich unterentwickelt ist, können z. B. sein:

- Unsicherheit bei den Mitarbeitern
- Angst vor Misserfolg und Kritik
- Kontaktangst
- Nicht fordern können
- Nicht „Nein" sagen können
- Schuldgefühle
- Arbeit als notwendiges Übel (innere Kündigung)
- Extremer Erfolgswille (als Deckmantel für Anerkennungsbedürfnis)
- Widerstand/Skepsis gegen die/bei der Einführung von Qualitätsmanagementsystemen
- Verlangen nach dogmatischer Ordnung bzw. dogmatisches Festhalten an Prinzipien
- Intoleranz

Die oben angeführten Beispiele können Sie sicherlich aus Ihren Alltagserfahrungen beliebig ergänzen. In der psychologischen, psychosomatischen und psychiatrischen Problemwelt sind die Auswirkungen jahrelang verschleppter Sozialkompetenzentwicklung als drastische Symptome zu erkennen. So kann sich Furcht der Mitarbeiter als Folge sozialer Defizite entwickeln, die sich z. B. in der Angst vor Fehlschlägen, Sozialphobie, Sexualphobie, sozialen Katastrophen, körperlichen Beschwerden und Gewalt Ausdruck verschafft.

Dies ist ein Ausschnitt an sozialen Defiziten, die psychologisch nachweisbar sind. Wir können uns jedoch leicht ausrechnen, welche Auswirkungen solche Art Störungen des menschlichen Lebens innerhalb eines Unternehmens nach sich ziehen können.

Probleme werden nicht gemeinsam besprochen; neue Produkte entstehen nur schleppend; eingeführte Qualitätssicherungssysteme können nur zur Erklärung vorhandener Qualitätsmängel genutzt werden, verbessern aber keinesfalls die produzierte Qualität; die Kommunikation zwischen den hierarchischen Ebenen findet größtenteils nur auf dem Dienstweg statt; notwendige Innovationen werden nicht entwickelt und dem Kunden rechtzeitig angeboten etc. Der Kunde wird als Belastung in einem Organisationssystem erlebt, das den Großteil seiner Sozialenergie aufwenden muss, um Schlimmeres im sozialen Miteinander zu verhindern. Die Flucht in psychosomatische Krankheiten, Lieferuntreue, ungünstiges Preis-Leistungs-Verhältnis, schlechte Qualität, unzureichende Kommunikation, Mobbing und wenig motivierte bis aggressive oder veränderungsunwillige Mitarbeiter sind weitere Symptome für die unterentwickelte Sozialkompetenz in einem Unternehmen. Dies führt in der Konsequenz zu niedrigeren Marktanteilen und Margen. Sehr wahrscheinlich wird es einem Unternehmen wirtschaftlich umso schlechter gehen, je stärker die sozialen Defizite ausgeprägt sind.

2.5 Positive Erkennungsmerkmale der Sozialkompetenz

Sozial kompetente Menschen zeichnen sich durch Grundhaltungen aus. Sind diese Haltungen ausgeprägt und werden tatsächlich gelebt, lässt sich von einer mündigen Person sprechen. Die Grundhaltungen bestimmen Verhaltensweisen, die sich in Tätigkeiten äußern. Einen mündigen Mitarbeiter zu haben, bedeutet letztendlich, dass das Unternehmen sich autopoetisch (aus sich selbst heraus) weiterentwickeln kann. Die Mitarbeiter suchen dann von sich aus nach Entwicklungsmöglichkeiten für sich, ihre Kollegen und das System des Unternehmens.

Die Sozialwissenschaft hat einige Grundhaltungen definiert:

- Sich und andere als Person achten und respektieren
- Das eigene Fühlen, Denken und Handeln in Übereinstimmung bringen
- An der „inneren" Welt des anderen echt Anteil nehmen
- Aus eigenem Überfluss heraus Liebe schenken
- Nähe vermitteln, die Halt und Geborgenheit gibt
- Distanz vermitteln, die Selbstständigkeit fördert

Mündigkeit könnte danach exemplarisch so beschrieben werden:

- Befähigung zur intelligenten und selbstständigen Wahl von Verhaltenszielen, die der persönlichen Befriedigung des Einzelnen dienen, aber den Interessen der Gesellschaft nicht zuwiderlaufen, sondern diese direkt oder indirekt fördern
- Übernahme der Verantwortung für eigene Handlungen
- Befähigung, in kritischer Weise zu lernen und zu Beiträgen anderer Menschen in angemessener Weise Stellung zu nehmen
- Erwerb und Anwendung von Kenntnissen, die für die Lösung der im menschlichen Leben auftauchenden Probleme relevant sind
- Befähigung, die eigenen Erfahrungen, Gedanken und Wissenskenntnisse anderen in klarer und verständlicher Form mitteilen zu können
- Flexible und intelligente Einstellung auf neue Situationen und Probleme
- Förderung von Formen der Problemlösung, bei der die Vielzahl der im Individuum vorhanden Erfahrungen frei und schöpferisch wirksam wird
- Entwicklung von Haltungen, mit anderen Menschen kooperativ und effektiv in dieser Art der Problemlösung zusammenzuarbeiten
- Nicht in erster Linie darauf gerichtet, den Beifall und die Anerkennung anderer zu erlangen, sondern aufgrund der eigenen, sozial akzeptierbaren Motive und Ziele

- Befähigung, Konflikte unter Verzicht auf psychische und physische Gewalt auszutragen
- Respektieren der Würde anders Denkender

Sozial kompetente Verhaltensweisen lassen sich nur schwer qualitativ abstufen, da ihr Auftreten von den sozialen, raumzeitlichen und persönlichen Bedingungen abhängt. So kann in ruhiger, privater Atmosphäre durchaus jemand in der Lage sein, mit seinen Kindern ehrlich, offen und partnerschaftlich zu kommunizieren, während sein Auftreten im Betrieb autoritär, intrigant und demotivierend ist. Es ist in diesem Fall nicht nötig, dass die Person ihre sozialen Fähigkeiten erweitert, lediglich die Kompetenz im beruflichen Praktizieren muss vergrößert werden.

Im Folgenden sind einige Fertigkeiten und Fähigkeiten aufgezählt, deren Vermittlung in einem heutigen Unternehmen forciert werden sollten.

Grundlegende soziale Fertigkeiten

- Aktives Zuhören
- Sich auf ein Gespräch vorbereiten
- Gespräche beginnen
- Gespräche aufrechterhalten
- Gespräche beenden
- Fragen stellen
- „Danke" sagen
- Sich selbst einbringen
- Andere Personen miteinbeziehen
- Anerkennen
- Nein sagen
- Ja sagen
- Versuchungen zurückweisen
- Widersprüche äußern
- Unerwünschte Kontakte beenden
- Auf Kontaktangebote reagieren
- Erwünschte Kontakte arrangieren
- Um Gefallen bitten
- Gefühle offen zeigen
- Sich für die Ideen anderer interessieren
- Toleranz gegenüber der Meinung anderer zeigen

Komplexe soziale Fähigkeiten

- Fragen nach dem „Warum"
- Um Hilfe bitten
- Sich beteiligen
- Instruktionen erteilen
- Instruktionen befolgen
- Sich entschuldigen
- Andere überzeugen
- Feedback geben
- Auf Kritik bzw. Feedback reagieren
- Änderungen bei störendem Verhalten verlangen
- Ungewollte Unterbrechungen im Gespräch unterbinden

- Schwächen eingestehen
- Komplimente akzeptieren
- Unaufgefordert anderen helfen
- Vorschläge akzeptieren
- Bedürfnisse und Fähigkeiten anderer berücksichtigen, wenn man ihnen Hilfe anbietet
- Probleme gemeinsam mit anderen lösen
- Mit Langeweile umgehen können
- Entscheidungen treffen
- Konsens erzeugen
- Sich auf eine Aufgabe konzentrieren

Fähigkeiten im Umgang mit Gefühlen

- Seine Gefühle kennen
- Seine Gefühle ausdrücken
- Die Gefühle anderer verstehen
- Sich selbst in andere hineinversetzen

- Mit dem Ärger eines anderen umgehen
- Mit Angst umgehen
- Sich selbst belohnen

Alternativ-Verhalten zur Aggression

- Um Erlaubnis fragen
- Etwas mit anderen teilen
- Anderen helfen
- Verhandeln
- Selbstkontrolle aufbringen

- Sich für seine Rolle einsetzen
- Auf Hänseln reagieren
- Spannungen ansprechen und gemeinsam auflösen

Fähigkeiten im Umgang mit Stress

- Eine Beanstandung ausdrücken
- Mit einer falschen Anschuldigung umgehen können

- Für ein schwieriges Gespräch bereit sein
- Mit Gruppendruck umgehen können
- Unter Zeitdruck eine Aufgabe lösen

Eine Stufe abstrakter können sozial kompetente Menschen mit folgenden Eigenschaften beschrieben sein:

- Großes Einfühlungsvermögen
- Hohe Kontaktfreudigkeit
- Flexible „Anpassungsfähigkeit"
- Ausgeprägtes Beobachtungs- und Wahrnehmungsvermögen
- Hohes Engagement und große Überzeugungskraft

- Ausgewogene Selbstsicherheit und positives Selbstbewusstsein
- Gute Selbstkontrolle
- Hohe Stressresistenz
- Ökologisches Selbstmanagement

Analytisch-initiative Fertigkeiten bilden dabei eine wichtige Basis, um sozial kompetent aufzutreten:

- Kundenanforderungen erkennen (Bedürfnisse der internen und externen Kunden verstehen und beschreiben)
- Verbesserungschancen erkennen (Ursachen analysieren, wenn Kundenwünsche nicht optimal erfüllt werden)
- Problemlösung (Mehrere Lösungsansätze entwickeln, entscheiden und die Entscheidung erfolgreich umsetzen)
- Verbesserungen durchsetzen (Maßnahmen zur Qualitätssteigerung planen und umsetzen, den nachhaltigen Erfolg überprüfen bzw. gewährleisten)
- Qualität sicherstellen (Verbesserungen standardisieren und ständig neue Chancen suchen)

Ein anderer Begriff, der hier mit dem umfassenden Verständnis von sozialer Kompetenz korrespondiert, ist Schlüsselqualifikation:

Sozialkompetenz + Methodenkompetenz + Fachkompetenz = Schlüsselqualifikation

Einige Schlüsselqualifikationen, die im betrieblichen Alltag notwendig sind:

- Innovationsbereitschaft
- Lernbereitschaft
- Wirtschaftliches Handeln
- Organisationsfähigkeit
- Koordinationsfähigkeit
- Kooperationsfähigkeit
- Integrationsfähigkeit
- Kommunikationsfähigkeit
- Kundenorientierung
- Positives Denken
- Verantwortungsbewusstes Handeln
- Umweltbewusstes Verhalten
- Qualitätsbewusstsein

- Sicherheitsbewusstsein
- Problemlösungsfähigkeit
- Entscheidungsfähigkeit
- Konzentrationsfähigkeit
- Zusammenarbeit
- Teamfähigkeit
- Planungsfähigkeit
- Ziele setzen
- Genauigkeit
- Konfliktfähigkeit
- Führungsfähigkeit
- Meinungsfähigkeit
- Solidarität und Partnerschaft

2.6 Zusammenfassung

Soziale Kompetenz und Schlüsselqualifikationen sind nach Begrifflichkeit des Büchleins voneinander abhängige Mengen, weshalb die Schlüsselqualifikationen nicht mehr getrennt erwähnt werden. Denn es wäre im Grunde genommen völlig zwecklos, einen perfekt schlüsselqualifizierten Mitarbeiter – jedoch ohne die geringste Sozialkompetenz – einzustellen, da dieser dermaßen unbeliebt wäre, dass seine Arbeitsergebnisse keinen interessierten.

Soziale Kompetenz existiert auf mehreren Ebenen gleichzeitig: kognitiv, emotional und motorisch, daher kann nur mit einem Training, das alle drei Ebenen erreicht, ein dauerhafter Erfolg erzielt werden.

Soziale Kompetenz ist immer im Zusammenhang mit den Zielen einer Person zu sehen. Ziele sollten wohlgeformt und kurz- wie auch langfristig positiv (gemessen an den gesellschaftlichen Normen) sein. Bei zu kurzfristigen Zielen kann sozial kompetentes Verhalten zwar effizient, aber durchaus negativ sein: Ein geschickter, kooperativer, führungsfähiger und auf Qualität bedachter Drogendealer ist also keineswegs sozial kompetent.

Wichtiger Punkt bei sozial kompetentem Verhalten: Dieses muss nicht immer im Einklang mit den sozialen Normen der Umwelt stehen! Zivilcourage zeigen bedeutet, gegen den Willen der Masse zu handeln, und ist, obwohl sie gegen die Norm der umherstehenden Mehrheit gerichtet ist, sehr wohl sozial kompetent.

2.7   Möglichkeiten und Wege zur Entwicklung der sozialen Kompetenz durch Training

Die Entfaltung von sozialer Kompetenz in einem Unternehmen gleicht eher einem Wachstumsprozess denn einem Trainingsprozess. Und doch lassen sich all die oben beispielhaft angeführten Einzelelemente von Sozialkompetenz auch trainieren. Alle Maßnahmen der Personalentwicklung müssen hierauf untersucht und weiterentwickelt werden.

Ein Sozialkompetenztraining ist vor allem als umfassender, langfristiger und komplexer Entwicklungsansatz zu sehen. Daher sind Menge und Komplexität der Trainingsinhalte im ersten Moment eher erschreckend. Vor allem ist bei einem Sozialkompetenztraining kein wirklich kurzfristiger, spezifischer Erfolg zu erwarten. Eher vergleichbar mit dem Wachstum einer Pflanze, die erst nach sorgsamer Hege und Pflege Früchte trägt, sind Geduld und Standvermögen mitzubringen. Doch sind die Ergebnisse von erfolgreich verlaufenden Sozialkompetenztrainings durch die zunehmende und leichter erreichte Zielverwirklichung des Unternehmens erkenn- und damit messbar. Diesem Gradmesser haben sich letztendlich alle Trainingsmaßnahmen unterzuordnen.

Die Trainingsinhalte sind hier wie folgt differenziert: **Team und Individuum**.

Im und für das Team werden zweckmäßigerweise trainiert:

- Kommunikative Fertigkeiten
- Ziele entwickeln, formulieren, vereinbaren und kontrollieren
- Aktives Zuhören (Zusammenfassen, Verständnis überprüfen, Feedback geben und annehmen)
- Eins-zu-eins-Kommunikation (Dialog im Team, mit Kunden, Lieferanten und Führungskräften)
- Konflikte lösen (Unstimmigkeiten, Konflikte erkennen und auflösen)
- Wissen vermitteln (Didaktik / Pädagogik / Lerntechniken)
- Eigene Denk- und Verhaltensweisen überprüfen und – wenn sinnvoll – angemessen ändern
- Psychologisches und soziales Geschick entfalten (Rollen und Aufgaben der Gruppenmitglieder entwickeln, gruppendynamische Prozesse berücksichtigen)
- Verständnis des Gruppenkonzeptes (evolutionären Charakter der Gruppe begreifen und wissen, welche Faktoren die Gruppenleistung beeinflussen)

- Konsensorientierte Zusammenarbeit
- Konsensorientierte Entscheidungsfindung
- Teamarbeitsmethoden (Sitzungsablauf, Moderation, Ideenfindung, LOP, Problemlösung, Brainstorming ...)

Da sich Teams immer aus Einzelnen zusammensetzen, ist der Trainingsaufwand für das Individuum auch am größten:

- Methodenkompetenz (eigenständiges Planen und Gestalten von Arbeitsabläufen, selbstständiges Aneignen neuer Qualifikationen, Auswählen, Planen und Anwenden von Lehr-, Lern- und Arbeitsmethoden)
- Selbstmanagement (psychologische Kompetenz, aktive Entscheidungsfindung, gruppenorientiertes Verhalten und Fähigkeit zur Kooperation, Hilfsbereitschaft und Solidarität, Übernahme von Verantwortung, Verhaltenssteuerung, Anpacken übergeordneter sozialer Ziele, Selbstsicherheit, hohes und positives Selbstwertgefühl, Initiative, Leistungsbereitschaft)
- Kreativität
- Kommunikationsmuster
- Konsensorientierte Führung
- Ganzheitliche Motivation

Je nach Trainingsmethode überwiegen mal kognitiv-motorische und mal kognitiv-emotionale Lernaspekte. Es werden am besten Methoden verwendet, die möglichst auf allen drei Ebenen arbeiten und eine Integration fördern. Outdoor-Training scheint eine solche Methode zu sein.

Lernen

3

3 Lernen

3.1 Taxonomie der Verhaltensänderung

Pädagogen und Wissenschaftler haben sich im Laufe der Zeit verschiedenste Modelle ausgedacht, um Lernqualitäten zu bewerten. Im Schulbereich sind heute noch Westphalen und Bloom (WISSEN [Einblick, Überblick, Kenntnis, Vertrautheit] KÖNNEN [Fähigkeit, Fertigkeit, Beherrschung] ERKENNEN [Bewusstsein, Einsicht, Verständnis] WERTEN [Bereitschaft, Interesse, Entschlossenheit]) geläufig. So schön und praktisch diese Taxonomien dem einen oder anderen vielleicht erscheinen mögen, für die Beschreibung einer Verhaltensänderung scheint folgendes Modell geeigneter.

Gehört – Verstanden – Einverstanden – Anwenden – Weitergeben – Neues Entdecken

- *Gehört:* „Ja, ja, das kenne ich auch." Es wurde die Existenz eines Sachverhaltes/Verhaltensalternative wahrgenommen. (Ein Motor braucht Benzin. – Menschen brauchen Anerkennung.)
- *Verstanden:* „Das habe ich verstanden." Die Wirkung eines Verhaltens wurde begriffen und kann anderen erklärt werden. (Ein Auto muss regelmäßig betankt werden, um damit zu fahren. – Die Abteilung Verkauf schult ihr Personal in Freundlichkeit, um besser zu verkaufen.)
- *Einverstanden:* „Das ist richtig gewesen, das würde ich auch gern so machen, das würde mir helfen." Es wird hin und wieder nach einem Rezept / einer relativ inflexiblen Topikliste angewendet. (Man tankt immer genau einmal wöchentlich und wundert sich, weshalb man auf dem Weg zum Atlantik kurz hinter Paris stehen bleibt. – Man bezahlt allen Angestellten ein Teamtraining und wundert sich, dass der Umsatz keine Verdopplung erfährt.)
- *Anwenden:* „Ich weiß, dass es richtig und wichtig ist." Das Verhalten wird bewusst und kreativ gelebt. (Ich bin immer freundlich und suche nach Möglichkeiten, diese Empfindung natürlich und angemessen rüberzubringen. – Mein Auto tanke ich immer dann auf, wenn der Sprit zur Neige geht, egal wo ich gerade bin.)
- *Weitergeben:* „Das ist so toll, das hilft auch anderen, ich gebe es weiter." In Varianten und entsprechenden Dosierungen wird das Verhalten anderen als vorteilhafte Alternative nahe gebracht. (Hör mal, wenn du noch entspannter und lockerer

reagierst, dann gelingt es dir vielleicht viel besser, deine Partner zu verstehen und sie angemessen zu beraten. Du könntest das und das machen, dann wird es für dich leichter, deine Gedanken rüberzubringen.)

- *Neues Entdecken:* „Ach, so funktioniert das, jetzt sehe ich die Zusammenhänge ...“ Gesetzmäßigkeiten werden erkannt und der Mechanismus kann weiterentwickelt werden. Es entsteht Offenheit, ähnliche Mechanismen aufzudecken. (Die Vorteilhaften Elemente aus Lehren wie NLP und TZI können identifiziert und in die eigene Persönlichkeit integriert werden. – Warum muss ein Auto eigentlich fossile Brennstoffe verpulvern? Gibt es einen Weg, sich mit Sonne auch so schnell vorwärts zu bewegen?

3.2 Schneller werden durch Bremsen

Verhaltensänderungen sind harter und schwer verdaulicher Lernstoff verglichen mit Fachwissen. Es ist wesentlich leichter, die Funktion eines Motors zu durchschauen, als etwa kooperativer oder vertrauensvoller zu werden. Um derartige Veränderungen in einem so komplizierten Wesen wie einem Menschen zu bewirken, muss zunächst Lernbereitschaft erzeugt werden. Verhaltensänderungen setzen aber auf einer höheren Ebene an als Fachwissen. Allerdings blockieren die unteren Ebenen bei Benutzung den Zugang zu höheren. Daher sollten diese Dinge nicht gemischt werden. Eine Schulung für beispielsweise komplexe Produkte wie Telefone oder Software direkt mit Kundenorientierung oder Qualitätsmanagement zu verbinden, überfordert die Leute meist. Daher konzentriere man sich auf eine Sache: Entweder man erklärt einen fachlichen Inhalt oder man vermittelt Einstellungen, Werte und Verhaltensalternativen. Natürlich kann ein Produkt als Vehikel dazu dienen, aber er darf keinesfalls mit technischen Einzelheiten im Vordergrund stehen oder ablenken. Das heißt, in einem Lernsystem sollte man die Geschwindigkeit verlangsamen, damit man im anderen mehr Potenzial zum Beschleunigen hat. Unterlässt man diese Trennung, dann werden beide Lerninhalte vom Probanden als gleichwertig eingestuft und entsprechend verarbeitet. So erzeugt beispielsweise das Fach Kommunikations- und Präsentationstechnik in unseren Berufsschulen kuriose Resultate: Die Schüler (auch die leistungsschwachen) kennen alle Team-/Moderationsregeln auswendig, nur beim Verstehen, Bejahen oder Anwenden hapert es massiv. Sie haben diese Regeln eben auf der gleichen Ebene verarbeitet wie den Satz des Pythagoras oder die dass-/das-Regeln.

3.3 Lernen und Veränderung

Ein alternatives Verhalten kennen, verstehen und einverstehen geht ja noch, sobald es jedoch an die Anwendung geht, gibt es ein Problem. Das alte Bild der Welt, die alte Landkarte ist noch präsent, eine neue muss erst gezeichnet werden. Alte Regeln und Werte sollen in die mentale Rumpelkammer, aber es gibt noch nicht genügend neue, um den freien Platz zu füllen. Menschen sind an solchen Wendepunkten oft unsicher, verängstigt, orientierungslos und bereit, das Alte doch wieder einzusetzen. Das neue Bild ist noch nicht stark genug, um Orientierung und Richtung zu geben. Eine gute Metapher hierfür stellt das Riesentangram zur Verfügung. Die Legephase vom Quadrat zum Dreieck scheint kompliziert bis unmöglich – dabei müssen lediglich zwei Teile umgelegt werden – eine Sache von zehn Sekunden. Das Bild des Quadrats beherrscht das Denken, das Bild des Dreiecks ist nicht stark genug, um die Metamorphose herbeizuführen. In dem Moment, in dem ein Teil des Quadrats entfernt wird, entsteht Chaos. Der Geist sehnt sich nach Ordnung, auch wenn es eine überholte Ordnung ist. Die Ordnung Dreieck scheint unrealisierbar, die Phase des Umbruchs verunsichert dermaßen, dass vor Schreck oft erst einmal ein Rechteck gelegt wird. Dieses entsteht ebenfalls durch Umlegen von nur wenigen Teilen und ergibt sich beinahe zufällig. Hauptsache vier Ecken und zwei Parallelen. Bei der Einführung von Teamarbeit scheint es hin und wieder ähnlich abzulaufen: Hierarchien werden aufgelöst und anstatt zum Dreieck durchzuziehen, wird in ängstlicher Panik ein rechteckiger Status quo erzeugt. Nach einer gewissen Zeit bekommen alle mit, dass eigentlich nicht vieles anders geworden ist. Die Teamarbeit wird als unbrauchbar erklärt, dabei existierte sie noch gar nicht. Die Veränderung war nicht tief genug, weil die durch Trainer und Führungskräfte zu erzeugenden Bilder und Visionen nicht ausreichten, um die Phase des Umbruchs zu überstehen.

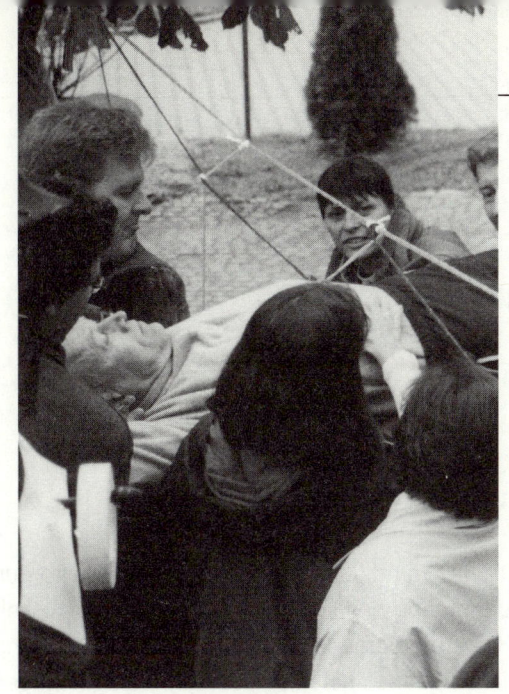

Transfer

4

4 Transfer

4.1 Was ist Transfer?

Der Transfer ist der eigentliche Grund, ein Seminar oder ein Training durchzuführen. Hierbei geht es um die Übertragung des Erlebten, Gehörten oder Gesehenen in das tägliche (Arbeits-)Leben, um konkrete Veränderungen tagtäglicher Handlungen und Verhaltensweisen. Darüber hinaus geht es natürlich auch um Veränderungen in den Werten, Einstellungen und Glaubenssätzen. Da diese jedoch nicht von heute auf morgen zu modifizieren sind, ist es umso wichtiger, die Übungen oder Lerninhalte mit einer gewissen Haltbarkeit und Langzeitwirkung zu versehen. Sozusagen neue, vorteilhaftere Elemente so zu verankern, dass in kritischen Situationen das in der Übung als besser kennen gelernte Verhalten auch tatsächlich eintritt.

Salopp gesagt, sichert der Transfer, dass aus einem Erlebnis eine Erfahrung wird.

4.2 Interne Erfolgsfaktoren

Hier spielt vor allem die Qualität des Briefings und des Debriefings eine Rolle. Letztendlich wird die Qualität von den Fähigkeiten der oder des Trainer(s) bestimmt und von der Kenntnis der realen Situation der Teilnehmer. Ohne zu wissen, welche Ziele und Probleme die Kundschaft wirklich hat, ist es unmöglich, geeignete funktionale Metaphern um die Übung herum (Briefing) zu schmieden. Gerade diese Metapher spielt jedoch für das Erleben und Reagieren in der Übungssituation eine erhebliche Rolle.

Beispiel: Etwa 80 Händler bauen ein riesiges Spinnennetz. Die Metapher „Rettet euch vor der Spinne, indem ihr durch das Netz kriecht, ohne dieses zu berühren!" führte zu hektischer Betriebsamkeit und dem Gefühl, dass alle – egal wie – durchs Netz müssen, um ihr Leben zu retten. Im Debriefing war es extrem schwer, den Bogen zu den eigentlichen Trainingszielen Qualität und Kundenorientierung zu schlagen, da immer noch der Hintergedanke „Retten wir unseren Hintern!" herrschte. Insofern gab die Aktion ironischerweise die Realität dieser Händler perfekt wieder. Sie versuchten tatsächlich, auf Kosten von Kunden, Partnern und Herstellern ihr Schäfchen ins Trockene zu bringen. Dieses Spinnennetz und weitere am Leben (am Bedarf) vorbeidesignten Metaphern haben im

Endeffekt leider sehr wenig Nutzen (mehr verkaufte Produkte, höhere Qualität, besseren Service, höhere Kundenbindung) gebracht. Die Metapher musste eigentlich nur etwas geändert werden, um das Verständnis zu erleichtern: Das Netz, also die Maschen, sind die Marktbedingungen, die hindurchgereichten Personen die verkauften Produkte und die Trainer sind die Kunden, die lohnen oder strafen, je nachdem, wie gut die Qualität der Produkte (Einhaltung der Regeln) ist.

4.3   Externe Erfolgsfaktoren

Wenn man schon etwas lernen muss, will man es natürlich auch praktizieren. Dem gegenüber steht allerdings das soziale „Dürfen" und die situative Ermöglichung. Im Alltag müssen also auch Umgebungen geschaffen werden, die einen Transfer tatsächlich zulassen und coachen. Autoritäre Führungskräfte, die ihre Leute auf Seminar schicken, damit „... die mal lernen, wie man so mit den Kunden richtig umgeht ...", haben mitunter Probleme, wenn ihre Untergebenen einmal „so richtig" mit den Leuten – und auch mit ihren Vorgesetzten – umgehen: partnerschaftlich, gleichberechtigt, ehrlich und offen. Das situative Dürfen beschränkt sich dann auf die Schnittstelle Schalter – Kunde. Das ist ja schon mal was, nur gemessen an den Möglichkeiten ist es zu wenig. Die Leute könnten schizophren werden. Trainingsinhalte widersprechen häufig den formellen und informellen Regeln von auftraggebenden Organisationen oder stoßen auf zeitliche und räumliche Schwierigkeiten bei der Umsetzung. Trainiert man Richtung KVP oder Teamarbeit, muss logischerweise auch im Betrieb Zeit und Raum für entsprechende Teamsitzungen vorhanden sein.

4.4   Prinzipien der Transfersicherung

- Schaffe zwischen Trainingsinhalt und Motiven der Teilnehmer einen Zusammenhang. Sorge dafür, dass Neues sich auch anwenden lässt.
- Hole und gib Feedback über Resultate.
- Mache Lerninhalte als solche transparent. Gestalte sie nach pädagogischen und didaktischen Anforderungen.
- Suche und kläre aktiv Konflikte zwischen altem und neuem Verhalten, Einstellungen oder Gewohnheiten.
- Ergreife Maßnahmen, um nach Ende des Trainings die Vergessenskurve und Anwendungsschwierigkeiten (Praxisschock) zu kompensieren.
- Erzeuge Dringlichkeit zur Veränderung. Vermittle die Notwenigkeit, weshalb jetzt, hier und heute sofort begonnen werden muss.
- Erzeuge Betroffenheit. Jeder hier ist verantwortlich für die und betroffen von den Veränderungen. Mache die Eigenverantwortung zur Erreichung der Ergebnisse bewusst. Aktiviere zur Handlung.

4.5 Qualitäten des Transfers

4.5.1 Sozialtransfer

Ein Outdoor-Training soll Spaß machen. Es soll Energie, Motivation, positive Gefühle und ein positives Selbstbewusstsein zurücklassen. Wohlgemerkt zurücklassen, zwischendurch darf ruhig mal Betroffenheit und Negatives hochkommen, wie wollte man sonst wohl auch Konflikte klären und Dringlichkeit herstellen. Sozialtransfer wäre also: schönes Erlebnis im Sinne von Incentive, gemeinsam viel Spaß gehabt, tolle Sachen erlebt, Kameradschaft gespürt. Hochübungen sind dafür gut geeignet.

4.5.2 Rechtstransfer

Rechts bedeutet hier rechtshirniger, also gefühlsmäßiger Transfer. Klassiker ist hier der Vertrauensfall. Transfer ist dann: „Ich habe mich geborgen gefühlt. Man braucht Vertrauen in die Gruppe, im Betrieb werde ich künftig meinen Leuten mehr Vertrauen entgegenbringen, weil ich weiß, dass die mich auffangen." Rechtstransfer ist nichts Konkretes und kommt mehr oder weniger aus einem hautnahen und extremen Erleben zustande. Umso schwieriger ist auch die Umsetzung solcher Äußerungen, die Praxis sieht dann immer anders aus, tausend sachliche und organisatorische Gründe sprechen plötzlich gegen eine tatsächliche Delegierung oder den Abbau von Kontrolle und Restriktionen. Unbestritten soll jedoch die zwischenmenschliche Rolle dieser Art Transfer bleiben: Angst vor Gesichtsverlust wird gemindert, Vertrauen und Freundschaft werden gestärkt. Leute wachsen auf privater Ebene enger zusammen. Diese Art von Transfer ist wichtig und sollte in jeder Session auch gezogen werden können (durch geeignete Übungen). Die positive Energie des Rechtstransfers kann man später gut brauchen, um Konfliktphasen zu überstehen!

4.5.3 Linkstransfer

Nun ist Gefühlsduselei nicht jedermanns Sache. Man will ja „echten" Nutzen und „praktische" Ergebnisse. Kurz, die Aufgabe des Linkstransfers. Linkstransfer deckt sich ein wenig mit den Schlüsselqualifikationen wie Planen, Koordinieren, Organisieren, Moderieren usw. Hier geht es um ganz konkrete Verhaltensweisen, die zu verbessern sind. Beispiele sind hier Blindflug (Planen, Projektmanagement, Strategie und Zielfindung) und Nightline (Umgang mit unerwarteten Situationen, Arbeitsorganisation), aus denen sich konkrete (banale) Regeln und Verhaltensweisen ableiten lassen. Beispiel: „Wir müssen besser zuhören, wir müssen Zwischenziele setzen und deren Erreichung kontrollieren und kommunizieren."

4.5.4 Prozesstransfer

Dieser verankert rechts und links mit einer Situation. Insofern ist er der anstrebenswerteste aller Transfers. Leider auch der am schwierigsten zu erreichende. Zum einen erfordert er viel Hintergrundwissen um die Kunden, zum anderen Einmischung in die Firmenpolitik und drittens auch noch Einmischung in die inneren Angelegenheiten von Einzelpersonen.

Beispiel: Riesentangram. In der Problemsituation hat jemand eine Eingebung. Die anderen stehen etwas planlos daneben, da sie keine richtige Idee haben. Im Regelfall fängt die inspirierte Person an, sich Platz zu schaffen und wurstelt herum, bis die Idee sich als brauchbar oder unbrauchbar erweist. Alle anderen staunen ehrfürchtig und sind noch mehr verunsichert. Richtig wäre hier: Die Idee oder Eingebung an die „Ideenlosen" erst einmal zu kommunizieren und sie auf denselben Wissenstand zu bringen, damit man mit einem gemeinsamen geistigen Potenzial weitermachen kann. Dies ist schwierig und dauert manchmal länger als das Ausprobieren selbst – aber nur beim Tangram. Im Betrieb allein einer Inspiration nachzugehen bedeutet, das Potenzial der Partner ungenutzt zu lassen und sich die Chance auf Hilfe zu verbauen. Auch hier gibt die Übung Anregungen, weshalb es doch besser sein könnte, echte Kooperation als Ausgangspunkt für Synergie zu nutzen.

Weiteres Beispiel: Tangram ist vom Ansatz her keine ästhetische Übung. Völlig „unlogisch" werden Formen zusammengesetzt und von der Sache her macht es nur wenig Spaß. Daher stehen Leute am Anfang immer abseits. Allerdings entwickelt die Aktion, die Suche nach einer Lösung und die Zuversicht / Verzweiflung der Aktiven einen derartigen Sog, dass es am Schluss alle vom Hocker reißt und sie irgendwie mitschieben wollen. Gesehen auf den Betrieb bedeutet dies: Wenn ein Gesamtziel, eine Vision da ist, dann gibt es manchmal auch „unlogische", belastende, unschöne und scheinbar unpassende Elemente (wie Outdoor-Training), die gemacht werden müssen. Und je nachdem, wie engagiert und zuversichtlich man diese „hässlichen" Dinge betreibt, haben sie auch auf „Gegner" oder Zweifler ein ungeheure Anziehungskraft. Die Art und Weise eines Prozesses holt die Leute also mehr ins Boot, als das eigentliche Ziel dies vermag. Dies alles ist mit Prozesstransfer gemeint. Dinge, die zu komplex sind, um in einem Satz im Debriefing als Regel formuliert zu werden und die linkes und rechtes Gehirn gemeinsam benötigen.

Nützliche
Modelle

5   Nützliche Modelle

5.1   Das Modell der Komfortzone

 Wir kennen es alle von den sogenannten Trickbildern: Einer sieht eine alte Frau und der andere eine junge Frau. Je nach Vorannahme filtert das Gehirn uns eine passende Lösung zurecht. Sind keine Vorannahmen da, dann „denken" wir uns unbewusst welche aus, die uns hindern und einschränken können. Es kommt manchmal also nicht darauf an, etwas zu erfinden, sondern einfach nur, etwas wegzulassen.

Besonders intellektuell hochfliegende Teilnehmer lassen sich gern mit folgender Aufgabe matt setzen:
Vier Gefangene haben einen Fluchttunnel gegraben. Da sie unterschiedlich gut zu Fuß sind, brauchen sie verschiedene Zeiten, um ihn zu passieren: Einer braucht nur 5, der andere 10 bzw. 20 und 25 Minuten.

Der Tunnel ist so eng, dass immer nur höchstens zwei auf einmal hindurchkönnen. Und der Tunnel ist so dunkel, dass immer eine Taschenlampe mitgeführt werden muss. Die Ausbrecher haben nur eine einzige Lampe und der Wärter kommt alle 60 Minuten vorbei. Gibt es eine Möglichkeit, zwischen den Rundgängen des Wärters die Zelle zu räumen?

Die Aufgabe scheint unlösbar, immer scheinen fünf Minuten zu fehlen, egal wie gut man optimiert. Mit einer selbst auferlegten mentalen Blockierung lässt sich eben schlecht agieren. Wenn die Leute sich müde gerechnet haben, sollte man mit etwas Brimborium die Lösung erklären. Brimborium bedeutet, die Leute darauf hinzuweisen, dass es hierbei nicht nur um eine Rechenaufgabe geht, die Rechnung ist simpel, sondern darum, dass – weshalb auch immer – sie nun mal an einer Blockade leiden, die sie generell dabei behindert, eine Sache mal völlig vorurteilsfrei von mehreren Seiten zu sehen bzw. kreativ an eine Problemlösung heranzugehen. Denn es geht: 5 und 10 gehen durch (10 / 60), 10 geht zurück (20 / 60), 20 und 25 gehen durch (45 / 60), 5 geht zurück (50 / 60) und holt 10 (60 / 60).

Ob Topleute von Autokonzernen oder Behörden, bisher habe ich erst eine Person erlebt, die diese Aufgabe allein lösen konnte: ausgerechnet ein türkischer Jugendlicher, einsitzend im Schifferstädter Gefängnis wegen Raub mit Körperverletzung.

Nach der dritten oder vierten Aufgabe nach diesem Schema gewöhnt man sich langsam an die Möglichkeit, um die Ecke zu denken.
Eine Metapher genau dafür ist die Komfortzone.

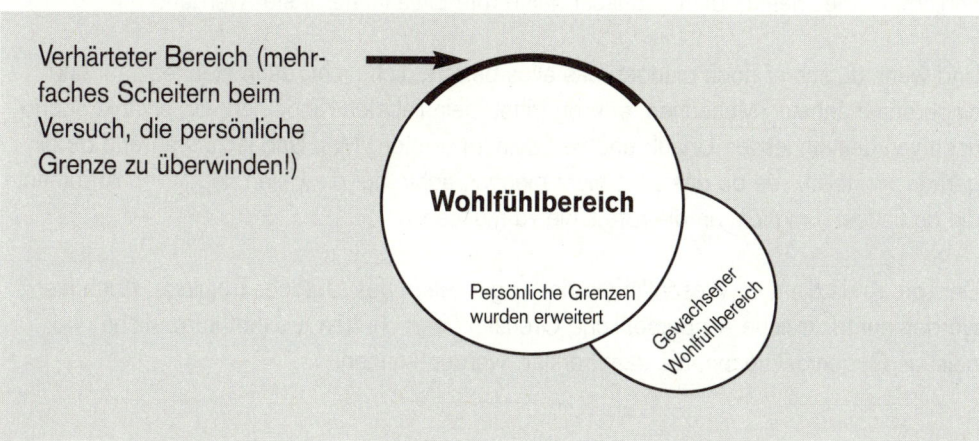

Verhärteter Bereich (mehrfaches Scheitern beim Versuch, die persönliche Grenze zu überwinden!)

Wohlfühlbereich

Persönliche Grenzen wurden erweitert

Gewachsener Wohlfühlbereich

Da gibt es einen großen Kreis, mit einer roten Linie gezogen. Alles in dem Kreis bist du, mit deinen gewohnten Denkweisen und Handlungen. Alles außerhalb sind die Dinge, die du nicht tust oder magst. Im Kreis fühlst du dich wohl, dir geht es gut, du hast alles fest im Griff. Doch es gibt Dinge außerhalb, die müssen auch erledigt werden: Teamarbeit, mal nachgeben, tolerant sein, kooperieren, mal zurückstecken. Oder im privaten Bereich: jemanden spontan ansprechen, endlich mal richtig Französisch lernen, mehr Sport treiben, gesünder essen, einen Lebenspartner suchen usw. Doch immer dann, wenn du voller Elan auf die rote Linie zurennst, wirst du langsamer: „Muss das heute sein? Eigentlich passt mir das jetzt gar nicht." – „So richtig wohl ist mir heute auch nicht, sollen doch erst mal die anderen, es geht schon noch mal so." Da gibt es ein Gefühl, bei manchem ist es ein Kribbeln im Bauch, bei anderen eher ein Ziehen, das warnt eindringlich vor Annäherung an die Grenze. Und so kommt es wie immer – du kehrst um. Wenn es da draußen nur schlimme Sachen gäbe, dann wäre alles in Ordnung. Doch da draußen warten überwiegend schöne Sachen, die dich bereichern, dich größer, stärker, flexibler und reifer machen. Und jedes Mal, wenn es gelingt, die Grenze zu überschreiten, erweitert sich der Kreis ein Stückchen und dein Handlungsrepertoire wird mächtiger. Jedes Mal, wenn du aufgibst und umkehrst, wird die rote Linie ein wenig fester und härter. Dann suchst du dir eben etwas anderes: Wenn ich es nicht mache, dann sehe ich wenigstens jemandem dabei zu: die Medienindustrie dankt sehr. Doch der Stress, der Eustress, der beim Sprengen der Grenze entsteht, ist lebensnotwendig. Fehlt der Eustress längere Zeit, dann werden Leute krank, dick und belagern die Ärzte, die ihnen auch nicht helfen können.

Wenn du dieses Gefühl hast, dann entscheide jedes Mal aufs Neue, ob du nicht doch weitergehen willst: Es gibt nichts Bedrohliches, alles ist nur in deinem Kopf, deine eigenen Barrieren bringen dich ins Stolpern. Gesichtsverlust, Angst zu versagen, Angst vor Fehlern, all dies hemmt dich und lässt deine rote Linie immer fester werden.

Und wenn du immer noch glaubst, das alles beträfe dich nicht, dann steh jetzt auf und singe dem nächsten Menschen, den du triffst, dein liebstes Kinderlied vor, erzähle euphorisch von deinem letzten Urlaub und von deinem „ersten" Mal. Und jetzt, während du dir gerade vorstellst, wie du das alles nicht machst, achte auf die vielen kognitiven Argumente, die du findest, um nicht an die rote Linie zu müssen.

Der rote Kreis dient im Wesentlichen der Legitimation des Outdoor-Trainings: Auch hier werden auf trickreiche Art persönliche Grenzen überschritten. Es gibt körperliche und geistige Gegenreaktionen, die damit erklärt werden können.

5.2 Das Modell H!A!L!T!

Halt bedeutet: Halt! Atmen! Lageplan! Tun!

Es gibt eine Hilfe, wenn die rote Linie in greifbare Nähe rückt: Man kann schnurstracks umkehren oder man kann erst einmal Halt machen, tief einatmen, überlegen, wobei man gerade ist, und dann entscheiden: zurück- oder vorgehen. Bei Stress: HALT! Wieder zu sich kommen, beruhigen und Gefühle hinterfragen: Woher kommt das Veto? Ist es vielleicht nur Gewohnheit oder eine unbegründete Angst? Ist es nur die rote Linie? Und dann eine bewusste Entscheidung treffen: Ich gehe jetzt zurück oder ich gehe noch einen Schritt weiter und dann entscheide ich mich neu! Auch der weiteste Weg beginnt mit dem ersten Schritt. Jeder Zentimeter bringt uns weiter. H!A!L!T!. soll vor allem unbewusste Entscheidungs- oder Beurteilungsprozesse bewusst machen. Tiefes Atmen ist das einfachste Mittel, um auf das vegetative Nervensystem einzuwirken. So kommen Körper und Geist zur Ruhe und man kann etwas distanzierter eine bewusste Entscheidung treffen: vor oder zurück, einen Schritt weiter und neu entscheiden oder umkehren.

5.3 Das Modell der drei Kreise

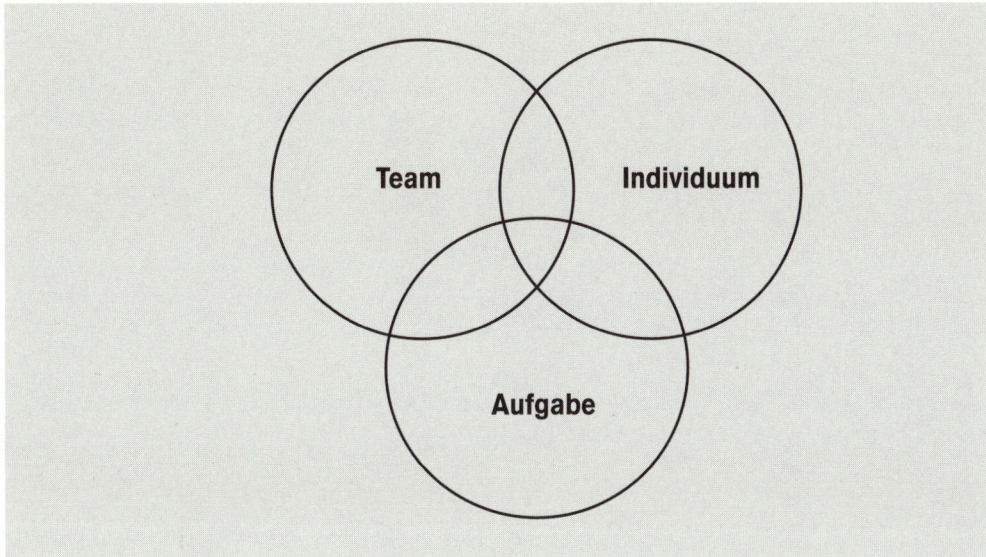

Die Aufmerksamkeit und das Bestreben nach Perfektion kann sich verschiedentlich fokussieren. Liegt alles auf Individuum, so haben wir einen tollen Einzelkämpfer, der sich weder um andere noch um die Aufgabe sonderlich bemüht. Rückt die Aufgabe zu sehr in den Vordergrund, werden andere untergebuttert, das Sozialverhalten ist miserabel, das Ziel wird unter Umständen sogar erreicht (dann, wenn nicht alle dazu nötig waren) und die Moral der Einzelpersonen sinkt. Drittens, liegt der Fokus auf der Gruppe, so haben wir ein Team, was sich entweder selbst feiert oder kurz vor dem Auseinanderbrechen ist. Auf jeden Fall wird weder die Aufgabe gelöst noch auf Bedürfnisse Einzelner eingegangen. Idealerweise bewegt man sich in der Schnittmenge aller Kreise. Doch in der Praxis wird sich das Gleichgewicht immer wieder verschieben. Anfänglich kann der Trainer gegensteuern, später fällt dies in die Verantwortung des Teams.

Praktische Anwendung: Wenn es mal wieder klemmt, wenn Leute außen vor bleiben, wenn das Team sich feiert, wenn viele persönliche Konflikte ausgetragen werden, wenn allgemeine Unzufriedenheit herrscht, dann erläutere man kurz die drei Kreise und lasse die Teilnehmer ihre momentane geistige Position durch Steine oder Zapfen markieren. Man arbeite heraus, dass sich die Gemütslage besser im Zentrum befinde, und schiebe mit einer allumfassenden Geste alle Markierer in die gemeinsame Schnittmenge der Kreise.

Debriefen

6

6 Debriefen

6.1 Hintergrund

Was ist das ganze Outdoor-Training ohne Debriefing? Zwecklos! Die Übung allein ist mehr oder weniger erbaulich, jedoch sollte immer auch ein tieferer Sinn dahinter stehen. Die Übungen sind Metaphern für das ganz alltägliche Leben mit ganz alltäglichen Situationen. Nur, dass diese Situationen im Alltag nicht unbedingt optimal bewältigt werden. Da sind Hemmungen, Blockaden, Vorurteile, Werte, Glaubenssätze, die an der Entfaltung der Kreativität im Sinne von Problemlösungsstrategien hindern. Bei den Übungen werden diese Situationen eher gemeistert oder spitzen sich richtig zu. Auf jeden Fall wird für Außenstehende (Trainer) transparent, was passiert. Im Debriefing wird diese Transparenz auch für alle Beteiligten/Betroffenen hergestellt. Dabei sollen die nützlichen Verhaltensweisen natürlich in den Alltag übernommen und die weniger brauchbaren abgelegt werden. Am Modell oder an Dingen, die emotional nicht so stark belastet oder festgefahren sind wie Arbeitssituationen, ist man eher bereit zu lernen oder Zugeständnisse zu machen.

6.2 Grundprinzip

Das Schema ist: *Gefühl, gut, schlecht, Verbesserung, Transfer.* Die erste Frage im Debriefing lautet daher meist: „Wie hast du dich während der Übung gefühlt?" Dies macht man anfangs am besten reihum. Mithilfe der Repräsentationssysteme und des gesunden Menschenverstandes ist nun darauf zu achten, dass wirklich über Gefühle geredet wird. Keine Problemlösungsstrategien, keine technischen Einzelheiten, kein Wiederholen des Ablaufs, kein Schimpfen, kein Ablenken – sondern: Mir ging es so oder so.

Ist diese Runde durch, kommt die nächste Frage: „Was lief denn gut? Wie habt ihr es geschafft, euer Ziel zu erreichen? Was in eurer Zusammenarbeit hat den gezeigten Erfolg ermöglicht? Was steckt dahinter? Also nicht: „Der Knoten war so und dann sind wir gelaufen", sondern ganz allgemein, von der Aufgabe gelöst: „Wie kam der Erfolg zustande?"!

Hier ist es fast nie zu verhindern, dass trotzdem über die technischen Einzelheiten der Übung geredet wird, aber immer versuchen, eine Stufe höher zu abstrahieren!

Dritte Runde: „Was lief schlecht? Denkt daran, diese Übung machen wir kein zweites Mal, die nächste ist schwerer und es gilt nun, an den Fehlern zu lernen! Also, was in eurer Zusammenarbeit könnte noch verbessert werden und wie soll das geschehen? Sucht ganz allgemeine Dinge, die beim nächsten Mal anders laufen müssen, um einen Erfolg sicherzustellen! Und findet gleichzeitig Lösungen dafür!"

Vierte Runde: „Was könnte das alles mit eurer Arbeitssituation zu tun haben? Fühlt ihr euch manchmal genauso wie eben, als ihr ...? Wie könntet ihr dort eure Zusammenarbeit gestalten, um die Fehler von eben zu umgehen?"

Die Lösungen kann man als so genannte Spielregeln zusammenfassen und immer wieder daran erinnern. Regeln müssen im Konsens vereinbart werden!

Später, wenn schon ein gewisses Konversationsniveau erreicht ist, kann auf stures Abfragen in der Runde verzichtet werden, jeder darf reden, wie er will.

Vergiss auf keinen Fall, dich für jeden Redebeitrag zu bedanken und ihn, wenn möglich, anzuerkennen und zu würdigen! Es redet stets nur einer, es gibt anfangs keine Diskussionen oder Wechselreden, jeder muss drankommen!

6.3 Daumentest

Dient zum Erzeugen eines Stimmungsbildes. „Daumen nach oben bedeutet: mir geht es sehr gut, nach unten: mir geht es schlecht und Daumen irgendwo dazwischen gibt die Abstufungen zwischen gut und schlecht an. Schließt alle die Augen, streckt einen Arm nach vorn, ballt die Faust und fahrt den Daumen aus. Drehe ihn so, wie es dir gerade geht. Und Augen auf!"

Es ist wichtig, „Ausreißer" nach unten zu hinterfragen. Und zwar mit: „Was können wir für dich tun, damit es dir etwas besser geht?" Keinesfalls: „Warum geht es dir schlecht?"!

6.4 Sharing

Sharing kommt von teilen oder mitteilen. Hier sollen Gefühle, Erwartungen, Befürchtungen und Erlebnisse geteilt werden, um den anderen ein Nachvollziehen der Stimmungslage und ein besseres Verstehen der Person zu ermöglichen. Die Aussagen einer Person werden nicht kommentiert, höchstens notiert und danach besprochen. Immer für einen Redebeitrag danken! Sharing sollte am Anfang eines gemeinsamen Unterfangens stattfinden (immer morgens vor dem Training) oder wenn sich eine Gruppe neu formiert.

6.5 Feedbackrunde

Die Feedbackrunde dient der Verbesserung. Es wird das eigene Erleben geschildert und daraus werden Handlungsaufforderungen an die Partner abgeleitet. Es soll immer positiv formuliert werden. Schlechtes Beispiel: „Der Moderator war Scheiße und hat dauernd reingequakt!" Besser und erwünscht ist: „Mir ging es nicht so gut, als ich das Gefühl hatte, beim Reden von <Moderator> unterbrochen zu werden. Ich wünsche mir, dass <Moderator> noch mehr Sensibilität mir gegenüber aufbringt und mich meine Gedanken zu Ende formulieren lässt." Positiv formulieren bedeutet nicht, Negatives zu verschweigen oder schönzureden, sondern gleich eine Handlungsanweisung in Richtung Verbesserung vorzuschlagen. Und zwar, ohne eine Person zu kränken und zu verletzen. Das ist schwer und muss geübt werden.
Also: „Erfreut hat mich, dass ..., nicht so gut fand ich, dass ..., und ich würde mir noch mehr von dem ... an der und der Stelle wünschen."

6.6 Einführung von Spielregeln

Der Trainer sollte am Anfang des Trainings Regeln und Vereinbarungen einführen.

Regeln

„Kreis!" – Auf dieses Kommando hin stellen sich alle im Kreis auf und hören zu: dient zum Erklären. Später ist darauf zu achten, dass die Teilnehmer selbstständig Kreise bilden, wenn sie Dinge besprechen oder planen.

„Fokus!" – Jeder hält den Mund und hebt einen Arm: dient zum Zuhören, bündelt die Aufmerksamkeit auf eine Person, die etwas zu allen sagen möchte oder einfach nur wieder Ruhe in den Kreis bringen will. Wenn jemand einen „Fokus" bemerkt, dann hebt er ebenfalls den Arm, hält den Schnabel und wendet sich dem Sprecher zu.

„Stopp!" – Alle halten sofort im ihrem Tun inne und warten bis zur Entwarnung: dient zur Bewältigung sicherheitsrelevanter Situationen. Alle frieren in ihrer momentanen Bewegung ein, allerdings ohne etwas loszulassen, bis der Fall geklärt ist. Achtung: Stoppregel dient nicht der Erregung von Aufmerksamkeit, sondern der Bewältigung sicherheitsrelevanter Situationen.

„O.K.!" – Die Gruppe antwortet unisono mit einem lauten „Okay" zurück: dient zum Commiten und als Bestätigung für eine Vereinbarung: „Wir machen das jetzt so und so, O.K.?" – „O.K." Das Okay-Geschrei ist eher für amerikanisierte Firmen oder Jugendliche nützlich, denn in der deutschen Sprachkultur übertüncht allzu euphorische Zustimmung eine Gegenposition.

„ ... *Problem* ...“ – Eher für Fortgeschrittene. Wenn während einer Planung oder Auswertung (meist unbeabsichtigt) das Wort „Problem" fällt, dann antwortet die Gruppe: „Hurra, ein Problem!" Probleme sind Chancen. Ohne Probleme gäbe es keinen Anstoß zur Entwicklung, daher sind sie höchst willkommen. Allerdings neigen manche Leute auch zum problematisieren. Problematisieren bedeutet jedoch, eine Sache negativ zu sehen. Da Chancen etwas Positives sind, wird durch den gemeinsamen Ruf der negative Touch des Problems etwas gemindert. Zwar wird hier auch geschrien, doch soll man daraus nicht folgern, diese Regel wäre für Deutsche ungeeignet. Ganz im Gegenteil, problemverliebt, wie wir nun mal sind, kann ein wenig Aufheiterung nicht schaden.

„*Loben!*" – Dem introvertierten Deutschen fällt es naturgemäß schwer, Lob und Anerkennung zu äußern. Ein Mercedes-Ausbilder sagte einmal: „Nix geschimpft ist gelobt genug." Leider vereinbart sich das nicht so ganz mit dem Ziel, ein kooperatives, vertrauensvolles und kreatives Klima zu schaffen. Am Anfang kann man sich wie folgt behelfen: Führe ein nonverbales Ritual ein, das für Lob/Anerkennung steht. Beispiel: „Wenn ihr jemanden für etwas anerkennen wollt oder einfach etwas besonders gut fandet, dann gebt ihm oder ihr ein Stückchen Rinde. Es muss nichts dazu gesagt werden. Wenn der Empfänger nachfragt, ist allerdings Rede und Antwort zu stehen."

„*Füße schulterbreit auseinander*" – Knie einknicken, Arme am Körper herabhängen lassen, Augen schließen und tief durchatmen. Und jetzt, während ihr steht und atmet und ruhiger werdet, überlegt mal, weshalb ich euch gestoppt habe ... und weiter!" Dies ist die ultimative Methode, bei Hektik und Unruhe einen hysterischen Haufen zur Vernunft zu bringen. Häufigste Anwendung: ab Mitte der Spinne.

6.7 Einführen von Basis-Teamregeln

Diese Regeln sind wichtig, um auftretende Konflikte, Meinungsverschiedenheiten, Kompetenzstreitigkeiten, Machtspielchen und Differenzen von vornherein zu minimieren.

„*Meldung*" – Wenn jemand etwas Sachliches zum Thema zu sagen hat, so meldet er sich wie in der Schule.

„*Störung*" – Wenn jemand sich aufgrund etwas Gesagten unwohl, angegriffen, beleidigt oder was auch immer fühlt, so hebt er beide Arme und teilt seine Gefühle mit. Störungen haben immer Vorrang! Mit jemandem, der gerade ausgestiegen ist, kann man nicht weiterarbeiten. Beim Training geht es jedoch genau um diese „Störungen". Und um diejenigen, die trotz Störungen weitermachen wollen!

„Ich-Botschaften" – Wenn nun eine Störung oder etwas Negatives vorzubringen ist, dann immer mit Ich-Botschaften sprechen. Es gilt nicht, dem Verursacher eins überzubraten, sondern ihn auf das Problem aufmerksam und betroffen zu machen. Das geht nur über Ich-Aussagen. Schuldzuweisungen erzeugen sofort Widerstand und Rechtfertigungen. Außerdem tragen sie negative Energie in die Gruppe. Hier gilt das klassische Konditionieren: Ignoriere Schwächen und verstärke sie auch nicht negativ, um sie zu löschen.

„Beispiele" Falsch: „Du bist mir schon wieder über den Mund gefahren, lass mich endlich ausreden!" Richtiger: „Ich fühle mich im Moment etwas zurückgesetzt und falsch verstanden. Mein Gedanke war noch nicht ganz zu Ende und es ist mir wichtig, ihn vollständig auszuformulieren. Ich möchte, dass ihr wisst, dass es mir wichtig ist, meine Gedanken allen mitzuteilen."

„Du-Botschaften" – Im Falle, es gibt was Positives zu berichten, soll man mit Du-Aussagen um sich schmeißen. Auch hier gilt das klassische Konditionieren: Verstärke positive Ansätze. Lobe die anderen, wenn sie vielleicht auch nicht die Ursache waren, so werden sie sich umso stärker beim nächsten Mal bemühen.

„Verantwortung für eigene Gefühle übernehmen" – Die mit Abstand schwerste Regel! Sie bedeutet, dass man selbst dafür verantwortlich ist, was Handlungen und Worte anderer für Gefühle auslösen. Kurz: Wenn du explodierst und dich ärgerst, so ist das dein Problem! Negativ auf scheinbar Negatives zu reagieren, ist eben nur ein Weg von vielen möglichen. Es ist der, der üblicherweise beschritten wird: mit dem üblichen Misserfolg. Hier gilt es, positiv zu bleiben und auf Negatives mit Sharing oder Feedback zu reagieren. Ärgern kann man sich immer noch, sollte es sich als notwendig erweisen. Wer jedoch zurückschießt leitet eine Schlacht ein. Dein Gesprächspartner ist in so einem Moment in einem „schwarzen" Bereich (sonst würde er dir das nicht antun). Deine Verantwortung besteht darin, ihn da herauszuführen, und nicht, ihn noch schwärzer zu machen!
Diese Regel ist nicht 100 % identisch mit dem TZI-Postulat „Sei dein eigener Chairman ..." Dies lässt zu, dass man, wenn man Mist baut, flapsig sagen kann: „Na ja, so bin ich eben, da steh ich zu!" Bei uns muss man den Schlamassel selbst ausbaden.

6.8 Vereinbarungen

„Duzen/Siezen" – Beim Training kommen schnell persönliche Situationen, in denen ein „Sie" unangebracht wirkt. Stelle am Beginn jeden in der Gruppe vor die Wahl, wie er es handhaben will und respektiere die Entscheidung. Dich selbst lasse duzen. Außer du bist Lehrer und arbeitest mit eigenen Schülern.

„Namensschilder" – Bei größeren Gruppen ist es schwer, sich sofort alle Namen zu merken. Deshalb soll jeder an sich gut lesbar seinen Namen befestigen. Papierklebeband ist übrigens hervorragend geeignet.

„Abfall" – Auf dem Trainingsgelände keinen Abfall wegwerfen (Kippen etc.), sondern immer ordnungsgemäß entsorgen.

„Rauchen" – Bei den Übungen gilt Rauchverbot!

„Zuhören" – „Ich bin ich und du bist du, wenn ich rede, hörst du zu, wenn du redest, bin ich still, weil ich dich verstehen will." Es ist entwürdigend, wenn im Debriefing gequatscht wird, während jemand von seinem persönlichen Erleben berichtet. Sorge dafür, dass dafür gesorgt wird, dass Ruhe herrscht!

„Lernpartner" – Jedem wird ein Lernpartner zugeteilt. Wenn sich Bekannte zusammentun, ist das gut, besser ist es, wenn sich Leute zusammentun, die sich fremd sind. Der Lernpartner sorgt für einen, achtet auf genügend Getränke, auf Anwesenheit und auf die Stimmungslage. Er übernimmt Verantwortung für seinen Partner. Er dient zu Gesprächen, für Diskussionen, Erfahrungsaustausch und „Hausaufgaben". Die Lernpartner lassen sich gut bei der Vorstellungsrunde einführen.

6.9 Moderation

6.9.1 Rolle des Moderators

Die Rolle des Moderators ist, dafür zu sorgen, dass jeder drankommt, nichts untergeht und Zeiten eingehalten werden. Der Moderator hält sich aus dem Thema selbst weitgehend heraus. Er sorgt dafür, dass immer nur einer spricht und alle anderen aktiv zuhören. Er erfasst die Wortmeldungen und regelt diese. Wenn mehrere Leute zugleich reden wollen, verteilt er verbal Nummern mit der Reihenfolge. Er erinnert immer wieder daran, beim Thema zu bleiben und bei Redebeiträgen auch andere zu Wort kommen zu lassen.

6.9.2 L(iste) O(ffener) P(unkte)

Bevor etwas vergessen wird: immer auf Karten schreiben und gliedern. Danach einen Kümmerer finden. Ein Kümmerer muss die Aufgabe nicht selbst erledigen, ist jedoch für die Erledigung verantwortlich. Der Kümmerer legt Ort, Zeit und Beteiligte im Konsens fest. Offene Punkte brauchen einen Kümmerer, der ihre Abarbeitung gewährleistet. Diese offenen Punkte ergeben sich meist beim Sammeln und Auswerten von Ideen. Kennzeichnend ist, dass sie meist nirgends zuzuordnen sind und trotzdem baldmöglichst erledigt werden müssen.

6.10 Probleme und Ursachen bei der Arbeit mit Gruppen

Folgendes ist natürlich nicht auswendig zu lernen. Jedoch soll in etwa ein Gefühl vermittelt werden, wie vielfältig und komplex das Geschehen in einer Gruppe sein kann. In einer Trainerausbildung lässt sich damit auch eine Übung bestreiten: Ein Teil der Gruppe spiegelt Symptome und ein anderer Teil versucht, die Ursachen herauszufinden. Meistens ist ein Rollenspiel allerdings nicht nötig, weil das reale Geschehen interessant genug ist.

6.10.1   Konflikt und Kampf

Symptom
- Jeder Vorschlag scheint aus praktischen Gründen undurchführbar
- Klagen über Zeitdruck
- Gruppe sei zu klein
- Miteinander ungeduldig
- Gruppe hätte kein Know-how/Erfahrung, um etwas zu bewirken
- Jeder hat andere Vorstellungen von der Aufgabe

Ursache
- Unmögliche Aufgabe frustriert Mitglieder, da sie sich unfähig fühlen
- Aufgabe unklar
- Aufgabe beunruhigend

Symptom
- Ideen werden vor Ausformulierung attackiert
- Partei ergreifen
- Kompromisse verweigern
- Keine Bewegung in Richtung Problemlösung
- Hängenbleiben bei irrelevanten Dingen
- Angriffe persönlich und subtil auf Leiter und Mitglieder
- Cliquenbildung

Ursache
- Mitglieder wollen Status in der Gruppe erwerben – Problem steht nicht im Mittelpunkt, sondern ist Medium zum Ausdruck interpersoneller Belange

Symptom
- Partei ergreifen
- Kompromisse verweigern
- Jeder will einen eigenen Plan durchdrücken
- Vorschläge knüpfen nicht an alte Aussagen an (ABER ...), sondern scheinen von vorn zu beginnen
- Keine Einigkeit über Vorschläge und Pläne
- Hören nicht aufeinander, jeder wartet auf die Chance etwas zu sagen

Ursache
- Jedes Mitglied operiert von einem isolierten, geheimen Standpunkt aus, weil Mitglieder Außengruppen gegenüber (deren Interessen kollidieren) loyal bleiben

Symptom
- Zielsetzung verstanden und angenommen, Beiträge problembezogen, uneinig bei Diskussion von Vorschlägen, ungeduldig miteinander
- Beiträge und Vorschläge mit großem Nachdruck
- Bemerkungen, die persönliches Interesse aneinander deutlich machen
- Bewegung in Richtung Problemlösung sichtbar

Ursache
- Fühlen sich einbezogen und arbeiten hart an einem Problem
- Kampf ist konstruktiv und spiegelt Interesse wider

6.10.2 Apathie und Nichtteilnahme

Symptom
- Fragen: Was haben wir wirklich zu tun, was wird von uns erwartet, warum arbeiten wir an dem Problem, gibt es nichts anderes?
- Keine konsequente Durchführung von Beschlüssen
- Keine verantwortungsvolle Beteiligung, keine Freiwilligen
- Verworrene, irrelevante Beiträge ohne Nachfragen
- Schnell irgendeine beliebige Entscheidung fällen, die unwichtig ist
- Viel Zeit zur Weiterleitung von Entscheidungen
- Unaufmerksam, den Faden verlieren, Beiträge überhören
- Kein Aufgreifen / Ausbauen von Vorschlägen

Ursache
- Gruppenziel unwichtig

Symptom
- Lange Verzögerungen, irrelevante Gespräche
- Verlegen / zögernd bei Problembesprechung
- Herausstellen von Konsequenzen falscher Entscheidungen
- Kostspielige Konsequenzen ausmalen, die nur wenig Beziehung mit den Fakten haben
- Überaufmerksam, Beiträge mit viel WENN und ABER abgesichert
- Entschuldigen für das Einbringen von Vorschlägen
- Externe sollen entscheiden, da selbst nicht genügend Kompetenz / Information / Fähigkeit vorhanden
- Lösungsvorschläge werden als unrealistisch attackiert
- Bei jeder Aktivität große Behutsamkeit
- Humorvolle Alternativen – ohne die Fähigkeit, zwischen diesen auszuwählen

Ursache
- Ängste das Gruppenziel anzustreben

Symptom	• Keiner schlägt einen ersten Schritt vor, um zielgerichtet zu beginnen
	• Unfähig, an einem Punkt zu bleiben / jeder fängt auf anderem Wege neu an
	• Sprechen über Vergangenes / Missverstehen, Wiederholungen
	• Unfähigkeit, schon erreichte Gemeinsamkeiten festzustellen
	• Konsequenzen schon gefallener Entscheidungen werden wenig ausgemalt
	• Wenig Aufmerksamkeit auf Tatsachen und Hilfsmittel
	• Ausweichen auf ähnliche, aber nicht zum Ziel führende Aktivitäten
	• Beschwerden über unmögliche Aufgaben
	• Untergruppen mit Privatgesprächen
	• Entscheidungen werden nicht durchgeführt / keine Übereinstimmung, welche Entscheidungen fielen
	• Forderung: Externer soll Aufgabe übernehmen
Ursache	• Inadäquate oder keine Problemlösungsverfahren

Symptom	• Vorgesetzter soll am Treffen teilnehmen
	• Kein sorgfältiges Untersuchen von Konsequenzen
	• Entscheidungen sind nicht wichtig, da Externe sowieso nicht darauf Rücksicht nehmen
	• Gemeinsamkeiten zwischen Mitgliedern unwichtig
	• Leiter muss zum Zuhören gebracht werden
	• Diskussion über Machtverhältnisse
	• Anprangern von Zeitverschwendung
	• Verlassen der Zusammenkünfte mit dem Gefühl, gute Ideen gebracht zu haben, ohne diese verständlich machen zu können
Ursache	• Mitglieder haben das Gefühl, keine Macht zur Beeinflussung der Entscheidung zu haben

Symptom	• Zwei oder drei beherrschen ohne Übereinstimmung untereinander die Diskussion
	• Konflikte mit Diskussion unter dominierenden Mitgliedern
	• Dominierende äußern gelegentlich die Bitte um Unterstützung, beherrschen ansonsten das Gespräch
	• Entscheidungen nur durch zwei bis drei Leute gefällt
Ursache	• Konflikt zwischen Mitgliedern ist Ursache für die Apathie der anderen

6.10.3 Inadäquate Entscheidungsfindung

Symptom
- Hin-und-Herpendeln zwischen zu schnell gefällten Entscheidungen und Schwierigkeiten, überhaupt eine zu treffen
- Im letzten Moment vor Entscheidungen zurückschrecken
- Klarstellung und wiederholte Definition von Detailfragen
- Abstrakte Diskussion

Ursache
- Es wurde zu früh eine Entscheidung gefordert
- Entscheidung zu schwierig
- Kohäsion und Selbstvertrauen in der Gruppe zu gering

Symptom
- Gruppe weiß nicht, wozu Entscheidung dient
- Keine Einigkeit, an welchen Punkten Übereinstimmung herrscht
- Infragestellen gefällter Entscheidungen
- Keiner will Verantwortung übernehmen
- Entscheidungsfindung an Externe oder Untergruppe weiterschieben

Ursache
- Entscheidungsbereich ist eventuell bedrohlich für die Gruppe, da unklare Konsequenzen oder Reaktion anderer Gruppen, lösen Befürchtungen aus oder Einzelner fürchtet Versagen

6.10.4 Kündigungsübung

Frage: „Würde Ihr Vorgesetzter oder Ihre Führungskraft Sie auch heute noch einstellen, wenn Sie sich zu diesem Zeitpunkt um Ihren bisherigen Arbeitsplatz neu bewerben müssten?"

Es könnte eine hilfreiche mentale Übung für Sie sein, wenn Sie innerlich jeden Abend kündigen würden, um sich am nächsten Morgen wieder neu zu bewerben. So könnte es Ihnen eventuell leichter fallen, die bei Ihrem Einstellungsgespräch in Aussicht gestellte Höchstleistung jeden Tag tatsächlich neu erbringen zu können und nicht in einen Gewohnheitstrott zu verfallen.
- In der nächsten Stunde: Diskutieren Sie in der Gruppe diese These.
- Entwickeln Sie eine Stellungnahme hierzu und stellen Sie diese vor.
- Ermitteln Sie im Team, welche zehn Fähigkeiten der Mitarbeiter und Talente „Ihr" Unternehmen am dringendsten benötigt, um die nächsten zehn Jahre erfolgreich bestehen zu können?

Wenn nun die theoretische Kündigung für eine prinzipiell gute Idee gehalten wird: „Sie haben 40 Minuten Zeit. Schreiben Sie jeder für sich Ihre Kündigung und geben Sie diese bei mir ab."

„Schreiben Sie eine Neubewerbung für Ihre bisherige Position. Berücksichtigen Sie in diesem Bewerbungsschreiben die zukünftigen Anforderungen an Mitarbeiter, die Sie eben erarbeitet haben! In diesem Bewerbungsschreiben listen Sie bitte Ihre zehn wichtigsten Talente auf. Begründen Sie, warum Sie für diese Position für die nächsten Jahre besonders geeignet sind. Nennen Sie in dem Bewerbungsschreiben die fünf Fähigkeiten und Talente, die Sie in den nächsten drei Jahren verstärkt weiterentwickeln werden. Dazu haben Sie eine Stunde Zeit."

„Stellen Sie im Plenum Ihr Bewerbungsschreiben persönlich vor. Betrachten Sie sich nach erfolgtem Applaus durch das Gesamtteam als „neu eingestellt".

„Achtung" Stößt immer auf massiven Widerstand. Schließlich ist die Kündigung prinzipiell rechtskräftig. Ohne tiefes Vertrauen läuft hier nichts! Weise auf das Ergebnis der Gruppenarbeit hin (meist: Übung wäre gut) und ziehe den Bogen über „Wasser predigen und Wein trinken" hin, zu dem Problem vieler Führungskräfte, dass für sie selbst immer andere Regeln gelten sollen als für den Rest. Und, das ist wunderbar, dass es jetzt so kommt, denn jedes Problem ist eine Verbesserungschance! Nutzt sie!

6.10.5 Übung Dringlichkeit und Betroffenheit herstellen

Schreiben Sie, jeder für sich, die fünf momentan dramatischsten Probleme in Ihrem Arbeitsbereich auf Karten. Dazu haben Sie 15 Minuten Zeit. Stellen Sie die Karten im Plenum vor. Wählen Sie dazu einen Moderator, der die Karten thematisch zusammenfasst. Eliminieren Sie Doppelgänger.

Schreiben Sie jetzt ausführlich auf, was und wann sich im „worst case", also im ungünstigsten Falle, aus Ihrem Problem ergibt, wenn es nicht gelöst wird. Bis wann müsste das Problem spätestens gelöst sein, damit dieser Fall garantiert nicht eintritt? Dafür sind 20 Minuten Zeit. Stellen Sie Ihre Überlegungen im Plenum vor. Erarbeiten Sie gemeinsam in Kleingruppen konkrete Lösungen, um die Probleme zu entschärfen.

6.11 Konfliktmanagement

Wie zu erwarten, führt das Durchlaufen der Teamuhr zu Konflikten. Diese müssen, wie auch immer, bewältigt werden. Dabei kann auch ein Trainer dazulernen. Ein Weg ist, mit viel kommunikativem Geschick den Kopf immer wieder aus der Schlinge zu winden, wenn es ernst wird, das Team auf einen Widersacher zu hetzen und sich kurz und gut seiner Erfahrung und kommunikativen Kompetenz zu bedienen. Dieser Weg ist clever, aber auch nur clever. Gemessen am Anspruch der Teamcheckliste wird er mittelfristig ins Abseits führen.

Ein besserer Weg ist, Konflikte transparent zu machen. Von einer Metaebene aus zu zeigen, was gerade abläuft. Hierzu muss das Team natürlich verschiedene Lerninhalte bewältigt haben. Es sollte wissen, was eine Metaebene ist, sollte Person und Verhalten auseinander halten können. Weiterhin sollte das Team wissen, was Killerphrasen sind, die Teamuhr kennen und es muss Interesse daran haben, Konflikte klären zu wollen.

Mache Konflikte und die Lösungsprozesse klar! Versachliche sie. Erkläre, wie langsam und sorgfältig Rapport aufgebaut wird, zeige hinderliche Sprachmuster auf, beseitige falsche Vorannahmen und sorge dafür, dass jeder auf der Metaebene begreift, was gerade abgeht. Konflikte sind dazu da, um Lösungen zu finden. Wer sie missbraucht, um andere runterzumachen, hat ein Verständnisproblem. Als Trainer sind dann Wege anzubieten, die zu mehr Verständnis führen. Pacen und Leaden! Gerade in der Phase der Gegenabhängigkeit werden aus allen Ecken Attacken auf den Trainer geritten. Keinesfalls auf Angriffe, Unterstellungen usw. einsteigen. Rechtfertigung impliziert vorheriges Fehlverhalten und ist damit fehl am Platz. Abstrahieren: Um was geht es hier wirklich? Was bezweckt dieser Angriff genau? Wie waren unsere vereinbarten Ziele? Führt uns dieser Weg (Angriff – Rechtfertigung) dorthin? Gibt es einen geeigneteren Weg im Sinne von Kooperation, Synergie und Teamarbeit? Welcher wäre das?

6.11.1 Lösungsschema Suchkonflikte

Für Suchkonflikte gibt es mehrere subjektiv richtige Lösungen.

„Ich fühle mich ..., weil du ... gemacht hast und damit bei mir ... ausgelöst hast! Wolltest du dieses Ergebnis erreichen, war dir klar, wie das bei mir ankommen würde? In Zukunft könntest du dein Anliegen so und so vortragen, dann begreife ich schneller, was du mir wirklich mitteilen wolltest."

6.11.2 Systemkonflikte

Es gibt mehrere Teilkonflikte, die einzeln zu lösen sind, eine Konfliktanalyse wird nötig.

Wenn ich mich nicht wohl fühle, dann befinde ich mich in einem oder mehreren Konflikt-zuständen. Die Ursachen hierfür können innerlicher und / oder äußerlicher Natur sein.

Konfliktanalysefragen:

- Wer sind meine direkten Konfliktpartner?
- Wer ist noch am Konflikt beteiligt oder interessiert?
- Welche allgemeinen und speziellen Bedingungen sind konfliktrelevant?
- Welche allgemeine Einstellung zum Konflikt habe ich / haben die Konfliktpartner?
- Welchen Handlungsplan möchte ich, welchen meine Konfliktpartner verwirklichen?
- Welche Ergebnisse sollen damit erreicht werden?

6.11.3 Konfliktarten

Um welche Konfliktart handelt es sich:

- Zielkonflikt: Welche Ziele haben wir gemeinsam?
- Beurteilungskonflikt: Welche Informationen und Zielerreichungsmethoden?
- Verteilungskonflikt: Welche Ressourcen (Zeit, Geld, Personen etc.)?
- Beziehungskonflikt: Welche Wertschätzung (Beziehungen)?
- Wertekonflikt: Welche Einstellungen, Glaubenssätze, Werte?

6.11.4   Übung Konfliktlösungsplan

Fertigen Sie sich eine Skizze an. Nutzen Sie eventuell die Mindmapping Technik um die verschiedenen Aspekte des Konfliktes zu visualisieren.

- Welche Gründe und Bedingungen führen mich und welche meine Konfliktpartner dazu, zu behindern oder zu blockieren?
- Wie wichtig ist mir / meinen Konfliktpartnern die Streitfrage (die Realisierung des jeweiligen Handlungsplanes)?
- Welche Konfliktlösungsstrategie verfolgen meine Konfliktpartner (Gegner) und welche verfolge ich/verfolgen wir?
- Welche Unterstützung werde ich, welche meine Konfliktpartner von anderen (wem) erhalten.
- In wieweit wird die Erreichung eines Konsensergebnisses in diesem Konfliktfall von ihnen unterstützt?
- Welche Lösung strebe ich/streben wir an?
- Welche Lösung werden meine Konfliktpartner bevorzugen/anstreben?
- Gibt es neben den vorliegenden Handlungsplänen noch andere, eher konsensfähige Alternativen?
- Welche Strategie schlage ich dazu ein?
- Welche werden die Konfliktpartner einsetzen? (Gemeinsame Absprachen? Machtkämpfe? Intervention bei Dritten? Gewinner-Gewinner-Strategie? etc.)
- Für die Beantwortung welcher Fragen benötige ich noch Informationen?
- Folgeprobleme bestimmter Strategien? Langzeitperspektive?

6.12 Was ist, wenn ...

6.12.1   ... sich jemand nicht beteiligt?

Ignorieren ist zwar einfach, vermittelt aber ein Gefühl der Wert- oder Bedeutungslosigkeit: „Es ist nicht nötig zu sprechen, die wollen das nicht, es geht auch ohne mich." Hier keine direkte Ansprache, sondern immer wieder würdigen, Rolle jedes Einzelnen betonen, Konsens betonen, eine Konsensentscheidung herbeiführen und dann gezielt fragen. Mithilfe von Metaphern die wichtige Rolle von Außenseitern positiv betonen (behalten von außen den Überblick und verhindern teilweise das „Schmoren im eigenen Saft") und betonen, wie wichtig es trotzdem ist, dass sich alle einbringen. Keinesfalls auch nur indirekten Druck ausüben. Indirekt ohne Anschauen oder Konfrontieren ansprechen. Zeit lassen!

Weitere Möglichkeiten: Aussprache unter vier Augen. Frage ans Team: Was wird passieren, wenn es so weitergeht?

6.12.2 ... jemand keinen „Bock" mehr hat?

Dieses Problemchen tritt vor allem bei der Arbeit mit Jugendlichen auf. Die Jungen (meist sind es die Jungen) schmeißen alles in die Ecke und sind stinkig bis zur Aggression. Mädchen schmollen oft im Stillen, direkte Konfrontationen sind eher selten. Ignoriert man eine solche Entwicklung, laufen einem die Leute weg! Es ist nämlich cool, keine Böcke zu haben! Die Interventionen hängen nun sehr stark vom Intellekt der Zielgruppe und dem Zweck des Trainings ab. Am allerbesten ist es, vorab mit den Teilnehmern die Durchführung einer Aufgabe im Konsens beschlossen zu haben. Dazu suche man sich einen euphorischen Moment nach dem Gelingen einer leichten Übung (Flying Egg). Dort wird dann für „nächstes Mal" eine richtig schwere Übung vereinbart (Blinde Figuren). Läuft diese Übung und Leute steigen aus, dann bietet sich an, dass die Aussteiger eine Begründung schreiben, weshalb sie sich der getroffenen Vereinbarung entziehen. Darüber hinaus, wie sie es finden, wenn sich jemand nicht an Abmachungen hält und wo sie ihre eigenen Stärken sehen. Da für die Akzeptanz einer solchen Aufgabe Rapport unerlässlich ist, sollte man niemals eine Teilnahme forcieren oder erzwingen. Im Feedback ist – mit Einverständnis der Betroffenen – auf ihr Verhalten zu reflektieren. Es ist dafür zu sorgen, das die Übung ein Erfolg wird. Angezogen von diesem strahlenden Erfolg und der Freude über die Bewältigung einer unglaublichen Aufgabe kommen dann die Querulanten maikäferartig angebrummt um mitzufeiern. Leute steigen meist in Phasen aus, die nicht gut laufen. Sie fühlen sich überhört, können ihre Ideen nicht einbringen, sehen ihren Anteil am Gesamtergebnis nicht mehr etc. Manchmal ist es sogar gut, ihnen eine Auszeit zu gewähren, immer mit einer leichten Möglichkeit zur Rückkehr, ohne Gefahr des Gesichtsverlustes. Weht wieder mentaler Aufwind in der Übung, kann man intervenieren, wie es wäre „den So-und-so, der gerade arbeitslos ist, wieder einzustellen".

Faule Tricks für feige Trainer wären alternativ: Zuweisung einer Beobachterrolle oder räumlicher Ausschluss (als Bestrafung). Beides wirkt nicht besonders motivierend auf den Rest. Freiheit zur Partizipation ist ein wichtiger Teamwert und darf nicht beschnitten werden. Andererseits gehört Durchhalten und Erhöhung der Frusttoleranz durchaus zu den erwünschten Trainingszielen bei Jugendlichen – eine Beobachterrolle würde das „Abkacken" jedoch belohnen.

Fazit: Aussteiger sinnvoll und äquivalent beschäftigen, jedoch ohne den Anschein einer Strafe zu erwecken.

6.12.3 ... alle alles voll gut finden und Probleme nicht ansprechen?

Die Ursachen:

- Probleme werden nicht mehr wahrgenommen.
- Probleme werden wahrgenommen, aber als nicht im Verantwortungsbereich empfunden.
- Problem ist Rechtfertigung für momentanes Tun und darf gar nicht verschwinden.

„Probleme sind Chancen! In jedem Problem steckt Potenzial zur Verbesserung. Hätten wir keine Probleme mehr, könnten wir uns nicht entwickeln. Jedes Problem ist deshalb sehr wertvoll. Wenn niemand hier Probleme hat, dann können wir jetzt aufhören. Erschüttere die Leute und beruhige sie wieder. Nur im angstfreien Klima kommt die nötige Kreativität auf. Wie, keine Probleme? Ist dein Arbeitsplatz sicher bis zur Rente? Frag einmal den Vorstand, ob er dir weiter dein Gehalt bezahlt, wenn der Betrieb Konkurs anmeldet. Er hat zwar nicht viel Vermögen, nimmt aber sicher für dich einen Kredit auf, damit du weiter dein Gehalt bekommst. Notfalls verkauft er noch sein Auto. Glaubst du, dass es so kommt? Oder hat jeder selbst Verantwortung für seinen Arbeitsplatz? Glaubst du, dass andere deine Probleme für dich lösen, auch wenn du nichts tust? Glaubst du immer noch, dass du bis zum Schluss dabei bleibst und wir auf dein Potenzial und deine Kreativität verzichten könnten? Dann können Roboter deine Arbeit besser machen. Wir brauchen hier jeden, deswegen bemühen wir uns auch um dich und dein Können, dein Wissen und deine Kreativität!"

Mit leicht verbogener Physik (wird aber nur entsprechenden Fachlehrern auffallen) empfiehlt sich diese Demonstration: Nimm einmal den Stuhl und trage ihn dorthin. So, dass waren etwa fünf Meter, der Stuhl wiegt ca. fünf Kilogramm. Du hast jetzt im physikalischen Sinne Arbeit verrichtet, denn Arbeit ist Kraft mal Weg. Um den Stuhl mit fünf Kilogramm zu heben benötigt man etwa 50 Newton Kraft. D. h., du hast eben eine Arbeit von 250 Newtonmetern verrichtet. Energie, also Strom, ist gespeicherte Arbeit. Geht man vom derzeitigen Energiepreis aus, dann müsstest du diesen Stuhl ungefähr 100 Kilometer tragen um fünf Cent zu verdienen! So viel ist deine Arbeit wert! Ja meinst du denn, dass sobald einer auf die Idee kommt, wie man deine Arbeit mechanisieren kann, er auch nur eine Sekunde zögert? Arbeit ist teuer! Extrem teuer! Egal wie teuer der Roboter, der dich ersetzt, auch ist, er amortisiert sich ruck, zuck! Wir brauchen Leute, die nicht nur arbeiten, sondern auch noch dabei denken! Jetzt weiter in der Argumentation; siehe oberer Absatz.

Eine andere Methode ist etwas gemäßigter: die These.

„Wir sind sehr zufrieden, weil wir fast alle Probleme gelöst haben."

Stimme ich voll zu	stimme ich zu	stimmt nicht so ganz	stimmt nicht

Nun sollen die Leute Karten für die einzelnen Wertungen schreiben, mit Dingen, die sie dorthin ordnen würden. Jede Karte bedeutet ein Problem. Manche Karten dürfen auch hinterfragt werden. Leute, die sich enthalten oder neutral verhalten, sind am schlimmsten dran: Sie kennen ihre Situation nicht und können nicht einschätzen, wo sie sich befinden. Sie haben in Wahrheit die meisten Probleme und sind daher am wertvollsten, da sie das größte Potenzial für Verbesserungen haben. Wenn jemand wirklich kein Problem hat, dann: „Wie kannst du andere hier unterstützen, um ihnen bei der Lösung ihrer Probleme zu helfen?"

6.12.4   ... die Ressourcen zur Problemerkennung nicht vorhanden sind

Na ja, Ressourcen schaffen: „Wie macht ihr das in eurer Freizeit, wenn ihr ein Problem habt? Schon der Kauf einer Zahnbürste ist für viele mit einem höheren kognitiven Aufwand verbunden als das Erkennen von Verbesserungspotenzialen am Arbeitsplatz. Überlegt einmal, wie lange ihr über solche Dingen nachdenkt: welche Farbe, welche Borsten, hart, weich, was kostet das Ding, gibt's die auch beim Aldi, ist sie da billiger, brauche ich überhaupt eine neue usw."

Problembewältigungsstrategie im Alltag bewusst machen und auf die Arbeitswelt übertragen.

6.12.5   ... die emotionalen Wogen hoch schlagen – Blitzdiskussion

Alle schreien durcheinander, Emotionen bestimmen die Diskussionen, es gibt kein Vorwärtskommen. Jeder bekommt 30 Sekunden Zeit, seinen Standpunkt darzulegen. In dieser Zeit darf niemand stören. Nach Darlegung des ersten Standpunktes muss dieser auf eine Karte geschrieben werden: maximal sieben Worte! Bei diesem Formulierungsproblem helfen alle. Dadurch wird die Sache noch klarer und auf den Punkt gebracht. Jetzt kommen so viele Blitze auf die Karte, wie es konträre Meinungen gibt. Nun wird zu jedem Blitz nach obigem Verfahren eine neue Karte erstellt. Im Endeffekt ergibt sich ein Meinungsbild – frei von Emotionen; das Thema wird sachlich behandelt; es entsteht eine LOP, die aufgeteilt werden kann.

6.13 Auflösung von Mustern

Bestimmte (alltägliche) Verhaltens- und Sprachmuster bremsen und blockieren Entwicklungsprozesse. Hier sei nur auf einige offensichtliche Sprachmuster hingewiesen, auf die man die Teilnehmer konsequent ansprechen sollte. Dabei empfiehlt es sich, die Gefühlslagen der Kommunikationspartner kurz zu analysieren, um Ursache und Wirkung transparent zu machen.

6.13.1 „Ja, aber …"

In Diskussionen oft und gern verwendet: „Ja, aber …" Meist beginnt ein Folgebeitrag mit diesen Worten. Was löst das aus? Wie wahrscheinlich jedem zur Genüge aus eigener Erfahrung bekannt: Ärger. Dies kommt daher, dass mit einem „Ja, aber …" der komplette vorherige Beitrag getilgt, für nichtig und falsch erklärt wird. Meistens ist jedoch am vorherigen Beitrag immer irgendetwas Gutes – und sei es nur die Absicht des Sprechers, sein Bestes zu geben. Hier wird also nicht nur ein eventuell wertvoller Beitrag komplett negiert, es wird außerdem der Sprecher nachhaltig diffamiert. Meist geht dabei auch noch die Stimme nach oben und klingt so richtig rechthaberisch. Ein Teil der nonverbalen Botschaft dient auch dazu, das Ansehen des Sprechers in der Gruppe zu stärken, doch bitte, das geht auf freundlichem und kooperativem Weg besser, zumindest dann, wenn man einen wertvollen Beitrag hat.

Die Lösung: Wenn der Beitrag etwas inhaltlich Gutes enthielt: „Ja, das ist gut, und darüber hinaus …"
Wenn der Beitrag inhaltlich neutral war: „Ja, und meine Meinung dazu ist …"
Wenn der Beitrag inhaltlich Schlechtes enthielt: „Ja, nur dazu möchte …"

6.13.2 „Eigentlich"

Eigentlich ist „eigentlich" ein sehr kostbares Wort! Es zeigt nämlich eine Inkongruenz an. Und zwar eine, die kurz vor der Unsichtbarkeit steht. Inkongruenz bedeutet, dass die Aussage in der ein „eigentlich" vorkommt, nicht hundertprozentig die Meinung des Sprechers widerspiegelt. Wenn ein „eigentlich" ertönt, dann lohnt sich genaues Nachfragen fast immer: „Eigentlich gefällt mir der Beitrag sehr gut." Falsch: „Was gefällt dir daran nicht?" Richtig: „Was könnte denn an dem Beitrag geändert werden, damit er dir noch besser gefällt?" oder: „Aber?"

Achtet auf das Wörtchen „eigentlich"! Wenn du es selbst verwendest – und das passiert garantiert – dann fühle einmal, was genau nicht hundertprozentig passt.

6.13.3 „Man"

Mann, oh Mann, mit „man" treibt man Trainer zur Verzweiflung! Häufigster Grund zur Verwendung des Wörtchens „man" ist Angst! „Man" wird mit Vorliebe anstelle von „ich", „du", „ihr" und „wir" eingesetzt. Insofern ist es ein Wort von hoher Universalität und genau darin liegt die Gefahr. Häufig kommt es nämlich darauf an, zu wissen ob „ich", „du", „wir" oder „ihr" etwas getan haben. Und genauso häufig, wenn es gilt, irgendetwas zu machen, zu arbeiten oder zu verantworten: Immer wird ein kryptisches „man" an vorderste Front geschoben. Ertönt ein „man" dann:

„Welche Männer haben ... ?" „Ach so, *du* warst das, aha." oder: „Und *du*, warst du auch dabei?" „Ja, dann sag das doch!" oder: „Wer genau?"

Man sollte „man" nicht generell verurteilen. Hin und wieder ist es durchaus angebracht. Immer dann, wenn tatsächlich kein genauer Adressat zuzuordnen ist oder wenn kein Adressat zugeordnet werden soll. Allerdings ist dies relativ selten der Fall.

6.13.4 „Warum?"

Warum ist ein Fragewort, welches besonders bei Kindern sehr beliebt ist. Erwachsene sollten es daher auch den kleinen Erdenbürgern überlassen. Warum? Darum! Mit „warum" wird immer auch ein wenig die Persönlichkeit des Befragten angegriffen. Dies wiederum zieht natürlich Abwehr nach sich. Zur Klärung von Kausalzusammenhängen und Abfolgen von Fakten ist allerdings Kampf auf persönlicher Ebene nicht hilfreich.

„Warum hast du die Zahnpastatube schon wieder nicht zugedreht?" „Weil du letztens den Klodeckel nicht zugemacht hast!" „Und du hast deine „Bremsstreifen" nicht weggemacht." „Ja, aber du lässt das Licht immer an!" ... Eine Fehlkommunikation, die schnell zur Scheidung führen kann. Die bessere Frage lautet: „Wie kommt es, dass ...?" und nie: „Warum?"

„Warum kommen sie schon wieder zu spät?" impliziert ebenfalls einen Bummelanten und wird höchstens die Fantasie im Ausredenerfinden trainieren. Auch hier lautet die Frage: „Wie kommt es, dass sie so spät dran sind, kann ich irgendwas tun, um ihnen zu helfen?"

Absicht ist ja hier, dass die Person zeitiger kommt und weniger interessant ist, wo sie war – vor allem weniger hilfreich. „Warum" führt in die falsche Richtung, sucht nach Schuldigen und verhindert Lösungen.

6.13.5 „Nicht"

Fall bloß nicht hin! Fahr bloß nicht in den Graben! Denk ja nicht daran, bei der Prüfung durchzufallen! Alles gute Ratschläge, von liebenden Mitmenschen gemacht. Noch besser wären diese Ratschläge allerdings, wenn sie auch noch eine Eigenart des Gehirns berücksichtigen würden: Menschen ist es unmöglich, in Negationen zu denken! Sie können schlicht und ergreifend nicht etwas nicht denken. Um ein „nicht" zu verarbeiten, muss es negiert werden. Anstatt die Prüfung frohen Mutes anzugehen, denkt die Person nun daran wie es ist, durchzufallen. Lesen Sie jetzt nicht weiter. So Sie haben weitergelesen? Bedenklich, bedenklich. Hören Sie jetzt bitte nicht auf die Geräusche in Ihrer Umgebung. Fühlen Sie jetzt bitte nicht wie kalt oder warm Ihre Füße sind. Zeigt mir den, der nicht eben seine Ohren aufsperrte und der mir jetzt nicht sagen kann, wie es seinen Füßen geht. Stellen Sie sich jetzt nicht vor, sie würden einen rosa Punkt mit grünen Streifen sehen.

„Ich will das jetzt nicht!" Falsch: „Warum?" Richtig: „Was möchtest du stattdessen?" „Nicht so schnell!" Richtiger wäre als Aussage: „Etwas langsamer bitte." Richtig als Antwort des Kundigen: „Um wie viel soll ich verlangsamen?"

Vermeiden Sie das Wort „nicht" und verwenden Sie stattdessen immer positive Formulierungen. Es sei denn, ein rhetorischer Sinn steckt dahinter: „Sie müssen das Buch jetzt nicht ganz konzentriert weiterlesen." „Ihr müsst jetzt nicht sofort ruhig sein." „Ganz so intensiv müsst ihr jetzt nicht zuhören."

6.13.6 Killerphrasen

„Dafür ist jetzt keine Zeit. Bin ich Jesus? Rede mit dem Fisch. Wer ist ihr Vorgesetzter? Das ist zu teuer. Das haben wir schon immer so gemacht. Dafür werde ich nicht bezahlt. Kinderkram. Entspann dich!"

Diese und tausend andere kurze, abgehakte und im schlimmsten Fall noch dialektgefärbte („Eh bubb, halde mo de Ball flach!") Hecheleien haben jeden schon einmal genervt, gekränkt oder angegriffen. Genau darin besteht ja auch der Sinn der Killerphrasen: Hat man keine Lust oder Zeit zum Denken, Angst, Stress oder Unterlegenheitsgefühle, dann macht man sich groß, indem man andere klein macht. Diese kurzen und prägnanten, durch Ironie, Sarkasmus oder Zynismus scheinbar „witzig" eingefärbten Statements bewegen sich von der Sachebene auf die persönliche Ebene. Im Regelfall schießt das Opfer dann auch noch mit gleichem Kaliber zurück, mit dem Ergebnis, dass der sachliche Kern dadurch garantiert verloren geht. Ein höchst effektives Sprachmuster, um Leute von einem Sachverhalt abzulenken (eigenes Versagen beispielsweise). Dann gilt es, Sensibilität für diese alltäglichen kleinen Gemeinheiten zu entwickeln.

6.13.7   Möglichkeiten zum Entschärfen von Killerphrasen

- Persönliche Ansprache von Personen
- Betroffenheit erzeugen
- Rapport herstellen
- Gefühle und Statements erzeugen
- Ich-Botschaften mit Gefühlen senden
- Anerkennen von Positivem
- Ansprache im Rahmen einer persönlichen Beziehung
- Mob auflösen: Einzelne herausgreifen und verunsichern
- Person, die für die Kommunikation am offensten erscheint, herausgreifen
- Rollentausch anregen
- Persönliche Beziehung herstellen
- Fragen statt Statements
- Pacen und Leaden – erst einmal schimpfen lassen, damit man erfährt, was den anderen wichtig ist und darauf eingehen kann

6.13.8   Übung zu den Killerphrasen

Personen Mindestens zehn

Dauer   Gesamt 50 Minuten
       Phrasensuche 20 Minuten
       Vortrag 20 Minuten
       Debrief 10 Minuten

Anwendungszweck Sensibilität für Killerphrasen erlangen. Eigenen Einsatz vermeiden, vor allem vermeiden, dass auf Killerphrasen mit Killerphrasen reagiert wird.

Material Moderationsmaterialien

Anleitung Teilt euch in zwei Untergruppen und schreibt je Gruppe 50 Killerphrasen auf. Dafür habt ihr jetzt 15 Minuten Zeit. Klebt oder schreibt euer Ergebnis auf ein großes Blatt, damit alle Leute eurer Gruppe alle Phrasen gleichzeitig im Blick haben.
Nach 15 Minuten: Jetzt setzen sich die Gruppen gegenüber. Eine Gruppe hat ihre Phrasen immer im Blickfeld, die andere Gruppe darf diese jedoch nicht sehen. Die Phrasengruppe antwortet immer mit einem ihrer notierten Statements, die andere Gruppe versucht die Gegner zur Mitarbeit bei der Einführung von Teamarbeit zu gewinnen (oder ein anderes aktuelles Thema). Für das Anwerbegespräch sind zehn Minuten Zeit. Versucht aus den Gegnern Partner zu machen. Jeder soll sich am Gespräch beteiligen!
Nach zehn Minuten erfolgt ein Seiten- und Rollenwechsel und die erste Phrasengruppe muss nun zu einem anderen Thema argumentieren.

Während der Übung Herausarbeiten, wie sich die Leute fühlten und wie man mit Killerphrasen am besten umgeht. Immer intervenieren, wenn Phrase auf Phrase folgt und die Argumentierer im Niveau absinken (also die „kooperative" Gruppe auf die Phrasen einsteigt).

Team–
entwicklung

7

7 Teamentwicklung

7.1 Warum überhaupt Teamarbeit?

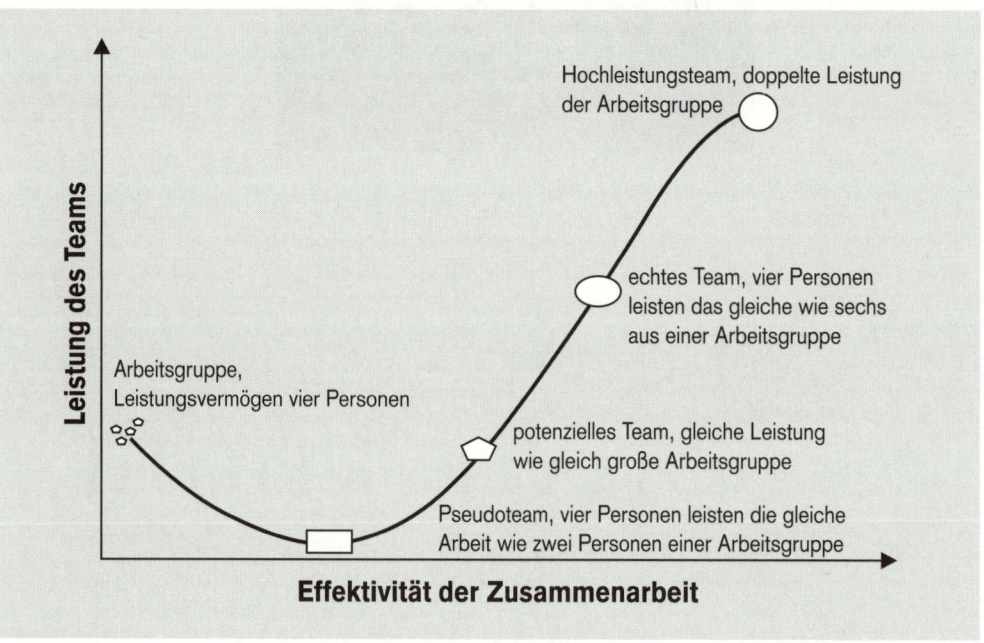

Teamarbeit – richtig eingeführt – erhöht die Leistung beträchtlich! Falsch, oder nur die Idee eingeführt zu haben, erzeugt jedoch so genannte Pseudoteams, die mit ihrer Arbeits- leistung hinter Einzelpersonen zurückliegen. Hat man Teamarbeit lang und teuer eingeführt und am Ende doch nur Pseudoteams erhalten, ist der Ärger groß. Weitere Prozesse stoßen auf erheblichen Widerstand aller Beteiligten. Kann man transparent machen, dass Pseudoteams nur eine Zwischenstufe der Entwicklungstreppe darstellen und deswegen so unangenehm sind, weil aller persönlicher Zwist hochkommt. Dann lässt sich der einge- leitete Prozess vielleicht doch noch zu einem gutem Ende bringen.

7.2 Die Motivationskurve

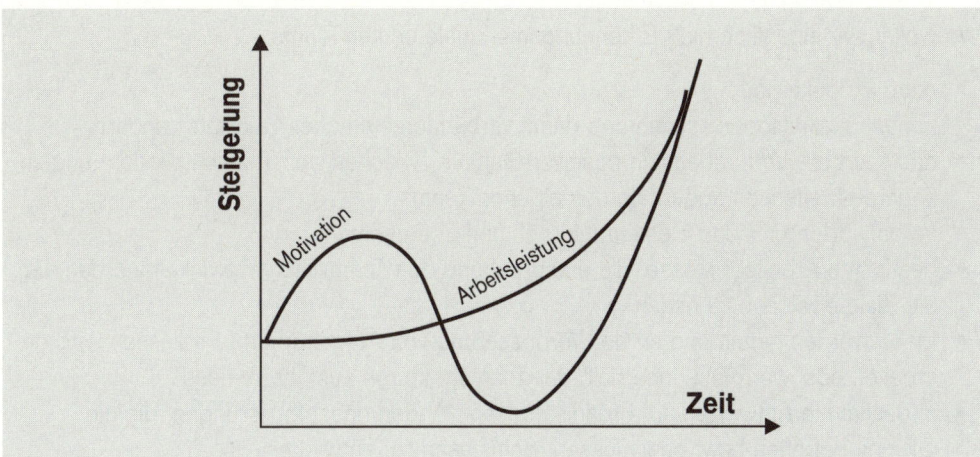

Am Anfang ist die Motivation ungeheuer. Danach kommt ein mächtiges, gewaltiges und Angst einflößendes Loch. Das Team opponiert gegen alles und jeden, besonders gegen den Trainer. Ruhe bewahren, Konflikte versachlichen, nichts persönlich nehmen! Hier aufzuhören wäre falsch! Mach den Prozess mit Kurve und Teamuhr transparent und hole dein Mandat zurück. Lass dich nicht von bösen Worten schrecken und denk schon gar nicht daran aufzuhören. Vor allem, kehre nichts unter den Tisch! Störungen haben Vorrang. Von drei bis sechs gibt es eine einzige Störung. Alles muss sauber behandelt werden! Gehe kein Stückchen im Stoff weiter, solange nicht jeder voll dabei ist. Erinnere das Team immer wieder an seine Ziele.

Irgendwann wird es sechs. Jetzt erfolgt eine Anpassung des Stiles. Bisher war der Trainer eher Förderer und Initiator, restriktiv, patriarchalisch und direktiv. Nun wird seine Rolle mehr und mehr zu der eines Coaches. Das Team hat sich seine Ziele und Normen gesetzt und ist prinzipiell in der Lage, dorthin zu finden. Nun gilt es, das Team liebevoll und verbessernd zu begleiten. Das Team muss Verantwortung für sich selbst übernehmen. Konflikte und Diskussionen werden zielorientiert und kooperativ ausgetragen. Konsenskultur beginnt. Und sollte es einmal nicht so sein, dann einfach nur daran erinnern und vorleben.

Unabhängig von den Arbeitsaufgaben und Qualifikationsanforderungen kann sich aus jeder Arbeitsgruppe bzw. Abteilung ein echtes Team entwickeln, wenn sich die Mitglieder dazu entschließen.

7.3 Merkmale von Teams

Wo wollen wir eigentlich hin? Erkennungsmerkmale echter Teams:

- hohe Produktivität
- hohes Qualitätsbewusstsein und damit verbunden ein hoher Qualitätsstandard
- das spürbare Vorhandensein positiver Gefühle zwischen den Teammitgliedern und zu anderen Menschen außerhalb des eigenen Teams
- Verantwortung für das Gesamtunternehmen übernehmen
- bestimmte Arbeitsprozesse, die entsprechend den Teamzielen entwickelt wurden, um die Ziele erreichen zu helfen
- Ideen werden geteilt und an der Verbesserung von Aufgaben und Prozessen wird gearbeitet, egal wer diese innerhalb der Teamstrukturen ausführen muss
- abgestimmte Antworten auf organisatorische Änderungsanforderungen, die die Gruppe betreffen bzw. beeinflussen, gemeinsam zu entwickeln
- anerkennend und respektvoll miteinander umgehen
- gemeinsame Verbesserungsziele entwickeln und erreichen
- Konsenskultur einführen und konsequent leben
- die eigene gesundheitliche Situation ständig verbessern
- sich über Gesamtabläufe und andere Teams im Unternehmen ständig informiert halten
- durch Monitoring die Konkurrenzsituation des eigenen Unternehmens bzw. Standortes oder Berufes bewusst zu halten und geeignete Maßnahmen im Team zu entwickeln, um Konkurrenzlosigkeit zu erreichen
- bei Einstellungen von Teammitgliedern und Führungskräften, die mit dem Team zusammenarbeiten werden, mitwirken
- an Investitionsentscheidungen schon weit im Vorfeld mitwirken
- an technischen Weiterentwicklungen mitarbeiten
- die eigene Weiterbildung und Qualifizierung ständig vorantreiben
- die eigene persönliche (kommunikative und charakterliche) Weiterentwicklung gezielt vorantreiben
- gemeinsame Aktionen starten, um Spitzenleistungen von Kollegen wirksam anzuerkennen
- Informationen werden allen Teammitgliedern im angemessenen Rahmen zugänglich gemacht
- Kundenorientierung ist spürbar entwickelt und zielt auf Kundenzufriedenheit ab
- das Team managt sich größtenteils selbst und wirkt mit, z.B. bei der Produktions- und Investitionsplanung
- übernimmt die Urlaubsplanung selbstständig
- stimmt sich im Konsens mit den zuständigen Führungskräften ab
- setzt sich selbst Leistungsziele und stellt sicher, diese auch zu erreichen

Entscheidend ist, dass echte Teams höhere Werte im menschlichen und materiellen Bereich schaffen!

Es kann allerdings noch weiter gehen! Hier die Merkmale der Hochleistungsteams:

- Für Hochleistungsteams gilt analog alles oben beschriebene, mit der Verstärkung, dass diese Qualitäten permanent erreicht werden und die Ergebnisse noch einmal einen Leistungssprung gegenüber echten Teams darstellen. Insbesondere wird dem Faktor Schulung und Entwicklung in Hochleistungsteams ein extrem hoher Stellenwert eingeräumt; die besondere Ausnahmestellung für die Erreichung ihrer besonders herausfordernden Ziele ist Hochleistungsteams stets bewusst. Mit den Lösungen und Ideen von gestern lösen wir die Probleme von heute und morgen nicht. Denn gekauftes Wissen – in Form von Produkten und Halbfertigprodukten – ist teurer als ständige Entwicklung und ständiges Training um eigenes Know-how aufzubauen und die eigenen Leistungen dadurch wertvoller zu machen.
- Hochleistungsteams sind konsequent im Streben nach Perfektion.
- Spitzenqualität und Nullfehler-Produktion ist Hochleistungsteams ein inneres Anliegen.
- In Hochleistungsteams sind eine extrem hohe Anwesenheitsquote und andere Anzeichen für das Bestreben nach Beständigkeit festzustellen.
- Der Job stellt Herausforderung und Beruf(ung) dar.
- Hochleistungsteams arbeiten für ihren eigenen höchstmöglichen Nutzen und für den größtmöglichen Nutzen aller anderen Betroffen wie Anteilseigner, Familien, Kunden, Lieferanten usw.
- Mitglieder von Hochleistungsteams erreichen ständig überragende Ergebnisse.
- Sie arbeiten ständig daran, ihre Arbeits- und Lebensqualität zu steigern.
- Tatkraft und Einsatzwille (Engagement) sind bei ihnen extrem hoch.
- Mitglieder von Hochleistungsteams sind sehr ungeduldig in folgenden Bereichen:
  - ungelöste Probleme,
  - Entschuldigungen,
  - unbegründete Verspätungen,
  - Ablenkungen,
  - schlechte Vorbereitungen,
  - Mangel an Konzentration und
  - jegliche Art von Belanglosigkeit.
- Bei der Aufgabe, diese Mängel zu verändern, verfügen sie allerdings über Freundlichkeit und zielstrebige Schnelligkeit in gleichem Maße.
- Sie verfügen über die Fähigkeit des Goldgräberhörens (das hören, was gemeint ist – positive Interpretation) statt des Mülleimerhörens (das hören, was nicht gemeint ist – negative Interpretation, nicht verstehen wollen).

- Sie entwickeln eigene Sprachformen, die kompatibel zu anderen Sprachstilen bleiben.
- Innovatives Denken steht im Mittelpunkt.
- Positive Gefühle stehen ganz oben in der Werteskala.
- Ökologisches Denken ist eine alltägliche Selbstverständlichkeit.
- Hochleistungsteams haben ein ständiges Bewusstsein für ihre (zehn) dringendsten/wichtigsten Probleme.

7.4 Teambildung durch Outdoor-Training

Eine Gruppe hat immer eine Gruppenidentität, Gruppenrituale, eine Gruppensprache und ein Gruppenziel. Am Anfang der Teamentwicklung werden diese Dinge weder besonders positiv noch besonders entwicklungsfördernd ausgeprägt sein – sonst wäre ja keine Teambildung nötig. Es gilt nun, diese Punkte zu verändern. Dabei soll man nicht sagen: „Macht das so und so und macht jenes nicht ..." Die Veränderungen müssen aus der Gruppe selbst kommen und werden nur akzeptiert, wenn sie echte Vorteile für jeden Einzelnen bringen. Die Gruppe muss Prozesse durchlaufen, in deren Verlauf sie wächst ohne zu zerbrechen. Outdoor-Training bietet hier die unschuldige Möglichkeit, Leute in Modellsituationen zu stürzen, an denen sie sonst auch scheitern und dies durch geschicktes Arrangieren und Auswerten zur Entwicklung zu nutzen. Bevor man jedoch darangeht, Leute zu „verteamen", sind zwei Dinge unbedingt nötig:

1. ein gemeinsames Ziel, welches das künftige Team hat und
2. die Erlaubnis, das Team bilden zu dürfen.

Beim „Teamen" kommt es zu Konflikten. Wenn es ernst wird, braucht der Trainer ein Mandat, eine Erlaubnis, das zu tun, was er tut. Fehlt dieses Mandat (es kann auch entzogen werden, wenn das Vertrauen nicht groß genug ist), dann muss er so lange mit dem Prozess aufhören, bis er es wieder erteilt bekommt.

Das Team braucht ein eindeutiges Ziel, um es als Kraftquelle zu nutzen, wenn Konfliktlandschaften durchschritten werden. Darum muss vorher feststehen, warum das Ganze überhaupt stattfindet.

7.5 Finden von Zielen

Um ein Team wirklich zu entwickeln braucht es ein Ziel, eine Vision. Die sollte stets positiv sein. Negativ wäre: Wir wollen unsere Arbeit nicht verlieren, wir wollen Ausländer nicht mehr außen vor lassen. Richtig: Unsere Arbeitsplätze werden die nächsten zehn Jahre sicher sein, wir integrieren Ausländer ab jetzt.

Die Ziele müssen mit dem Team gemeinsam erarbeitet werden.

7.5.1   Checkliste Ziele

- Sie müssen für alle attraktiv sein.
- Sie müssen für alle vorstellbar sein.
- Sie müssen umsetzbar sein.
- Sie müssen für alle erreichbar sein.
- Es muss der Beitrag jedes Einzelnen erkennbar sein.
- Sie müssen im Beeinflussungs- und Verantwortungsbereich des Teams liegen.
- Es muss Zwischenziele geben, an denen man den Fortschritt messen kann.
- Sie dürfen nicht mit anderen Zielen kollidieren.
- Sie müssen nach und nach immer weiter konkretisiert werden.
- Sie müssen langfristig positive Auswirkungen auf die Umwelt haben.
- Sie müssen ökologisch sauber sein und dürfen nicht auf Kosten anderer erreicht werden.

7.5.2   Veränderung der Rituale

Rituale, Umgangsformen, Sprachmuster u. Ä. müssen konsequent vorgelebt werden. Es wird anfänglich sehr schwer fallen, beispielsweise in einer autoritär geleiteten Gruppe, Konsensentscheidungen herbeizuführen. Alle werden nämlich sagen: Bevor wir jetzt lange rummachen, soll der Chef (der Moderator, der Trainer) bestimmen. Wir halten uns daran, denn wir sind ja ein Team! Tappt man in diese Falle, sei es um Zeit zu sparen oder weil man wirklich keine Lust hat, mit den Leuten um Kleinigkeiten zu kämpfen, dann hat man schon gegen das eigentliche Trainingsziel verstoßen und zeigt den Leuten: Ist doch nicht so wichtig.

Beispiele für vorgelebte (banale) Rituale: bei Besprechungen im Kreis aufstellen, nur einen Reden lassen, bei Wortmeldung Arm heben, bei Störung zwei Arme heben, bei Hektik und Chaos stark intervenieren. Rituale sind auch Corporate Identitys, Streitkultur, Kommuni-kationskultur, Feedbackkultur usw. Komplexere Rituale wären das Herbeiführen von Konsens in Streitpunkten (im Gegensatz zur Abstimmung), das automatische Abheben auf die Metaebene in Stresssituationen etc.

Im Debrief immer wieder darauf eingehen, wie sich der Einzelne gefühlt hat und was er von der Gruppe braucht, um sich (noch) besser zu fühlen. Wenn jetzt Unzufriedenheit hochkommt, dann ist Rapport vorhanden. Solange nur belanglos gesäuselt wird, ist das Vertrauensverhältnis zwischen den Gruppenmitgliedern untereinander und dem Trainer noch nicht groß genug.

Beispiele für derartige Gefühle: „Keiner hört mir zu, ich fühlte mich allein gelassen, ich wurde gezwungen, meine Meinung zählt nichts, alle reden durcheinander."

Eine Gruppe definiert sich mangels eines gemeinsamen Zieles häufig über Handlungen. Urlauber saufen mit Kampfschrei, Fußballfans brüllen Lieder, Arbeitskollegen motzen über Vorgesetzte.

Dieses Phänomen birgt Energie – und die gilt es zu nutzen. Doch Vorsicht, beim introver-tierten Deutschen kann das schnell ins Auge gehen. Einen Namen und einen Schlachtruf suchen sich Gruppen ja noch, nur mit dem Zelebrieren ist das so eine Sache. In Konkurrenzsituationen, wenn beispielsweise andere Gruppen mit im Spiel sind, wird mit Feuereifer demonstriert, wie „gut man drauf" ist; als Einzelgruppe werden ohne beharrliche Animation oft nur traurige Ergebnisse erzielt. Blödsinn wäre es allerdings, anhand der Qualität / Quantität der Schlachtrufe auf die Qualitäten eines Teams zu schließen. Dieses Verhalten dient als Anker für gute Stimmungen, als Energieschub und als Ausdrucks-möglichkeit für positive Gefühle, ist und bleibt jedoch Oberflächlichkeit. Daher kann man damit arbeiten (vor allem bei Jugendlichen), muss aber nicht.

Nach der ersten Outdoor-Übung, die ohne lange Erklärungen (warum, wieso, weswegen?) über die Bühne gehen muss, werden im Debrief folgende Punkte erarbeitet:

Was war schon gut? Welche Maßnahmen zur Verbesserung des Schlechten? Dann werden im Konsens Teamregeln aufgestellt: Regeln, an die sich alle zu halten haben und die die Gruppe weiterbringen sollen. Diese Regeln am besten auf eine Tafel schreiben und künftig mitführen, damit die Gruppe sich immer wieder daran erinnern kann. Besonders dann, wenn sie dagegen verstößt. Beispiele für Regeln: Besser zuhören, alle zu Wort kommen lassen, vor Planungen einen Moderator bestimmen.

7.6 Die Teamentwicklungsuhr

Die Teamentwicklung verläuft, zumindest dann, wenn sie sich um ein gemeinsames Ziel kristallisiert, in vier Phasen. Der Anschaulichkeit wegen heißt dieses Modell Teamentwicklungsuhr. Es stammt ursprünglich von Francis und Young.

ideenreich flexibel offen leistungsfähig solidarisch hilfsbereit **Verschmelzungsphase**	höflich unpersönlich gespannt vorsichtig lustig motiviert **Testphase**
Organisationsphase Entwicklung neuer Umgangsformen und Verhaltensweisen Feedback & Sharing Konfrontation der Standpunkte auf sachlicher Ebene	**Nahkampfphase** Konflikte kommen hoch Konfrontationen Cliquenbildung mühsames Vorwärtskommen Gefühl der Ausweglosigkeit Frage: rein oder raus? Angriffe auf persönlicher Ebene bereit zum Aufgeben unmotiviert, aggressiv

7.6.1 „Testphase", Stufe der Orientierung (Forming)

- Mäßiger Arbeitseifer bei hohen Erwartungen, niedrige Produktivität bei hoher Motivation
- Ängste: Wo ist mein Platz im Team (in der Gruppe)?
- Was wird von mir erwartet?
- Abtasten der Situation und der Zentralfiguren.
- Abhängigkeit von Autorität und Hierarchie.
- Bedürfnis, sich in die Gruppe einzugliedern und eine bestimmte Position einzunehmen
- Frage: rein oder raus?

Orientierungshilfe für die 1. Phase

- Die Kenntnisse über Teamarbeit erhöhen
- Verständnis für lohnende Ziele aufbauen
- Rollen bestimmen
- Für alle lohnende Ziele gemeinsam vereinbaren
- Meilensteine gemeinsam festlegen
- Welche Fertigkeiten müssen entwickelt werden?
- Coaching/Betreuungsrahmenbedingungen vereinbaren
- Welches sind die Anfangsschritte?
- Die Gruppenbetreuer und Teammitglieder erlernen die Fähigkeit, das Teamstadium zu diagnostizieren und ihr Verhalten darauf abzustimmen
- Führungskräfte erlernen die Bevollmächtigung von Teams: Das bedeutet, die Verantwortung für Direktiven und Unterstützung allmählich der Gruppe zu übertragen.
- Dirigierender Führungsstil: Keiner von uns ist so schlau, wie wir alle zusammen.

7.6.2 „Nahkampfphase", Stufe der Frustration (Storming)

Diese Phase setzt ein, wenn die Flitterwochen vorbei sind:
- Motivation und Einsatzbereitschaft sinken; Kompetenz ist niedrig
- Unterschwellige Konflikte brechen auf
- Wahrnehmen einer Diskrepanz zwischen Hoffnung und Realität
- Unzufriedenheit wegen der eigenen Autoritätsabhängigkeit; Frust
- Streit um Ziele, Aufgaben und Aktionspläne
- Gefühle von Verwirrung und Inkompetenz
- Negative Reaktionen gegenüber Leitern und anderen Teilnehmern
- Konkurrenz um Machtpositionen und/oder Aufmerksamkeit
- Bodenbereitung für Kreativität und Würdigung
- Erleben von Polaritäten: Abhängigkeit und Gegenabhängigkeit

Orientierungshilfe zur 2. Phase
Was können wir tun, um das Team in dieser Phase besonders zu unterstützen?
- Die ursprüngliche Mission besprechen, an die vereinbarten Ziele erinnern. Leistungen mit Zielvorgaben vergleichen.
- Ergebnisse besprechen, Ideen würdigen.
- Das Team muss lernen effektiver zu kommunizieren und Entscheidungen zu treffen. Grundregeln der Zusammenarbeit realisieren.
- Hinhören verankern.

- Konfliktmanagement einsetzen, d. h. Konflikte bewusst machen und lösen, zum Mitmachen ermutigen.
- Weiteres Vorgehen vereinbaren, Teammitglieder zu Prozessbeobachtern bestimmen, Planen der Effizienz und Effizienzsteigerung im Team. Weitere Aufgaben: welche, wann, wer, integrieren, führen durch Vorbild.
- Führungsstil: dirigieren und unterstützen = trainieren

7.6.3 „Organisierungsphase", Beschlussphase (Norming)

- Abnehmen der Unzufriedenheit
- Überbrückung der Kluft zwischen Erwartungen und Realität
- Überwindung von Polarisierungen und Schuldzuweisungen
- Entwicklung von Übereinstimmung, Vertrauen, Hilfsbereitschaft und Respekt
- Entwicklung von Selbstvertrauen und Zuversicht
- Offenerer Umgang miteinander und vermehrtes Feedback
- Teilen von Verantwortung und Kontrolle
- Gebrauch einer Teamsprache

Orientierungshilfe für die 3. Phase
- Führungsstil: sekundieren
- Zuversicht und Motivation erhöhen

7.6.4 „Verschmelzung", Stufe der Produktion (Performing)

- Freude darüber im Team mitarbeiten zu können.
- Kooperatives und eng ineinander verzahntes Arbeiten von Plenum und Untergruppen.
- „Gemeinsam sind wir stark" Erlebnis.
- Selbstbewusstes herangehen an die Aufgaben.
- Abwechselndes Führen.
- Stolz auf erfolgreich gelöste Aufgaben.
- Hohes Leistungsniveau.

Orientierungshilfe der 4. Phase
- Der Leiter hält sich nun mehr abseits. Keine Phase der Gruppenentwicklung ist schlecht auf dem Weg zu höherer Produktivität.
- Teams können in frühere Entwicklungsstadien zurückfallen!
- Nie auf einmal mehr als einen Führungsstil zurückspringen!

Die Teamuhr stellt ein wesentliches Prozesswerkzeug dar. Bewährt hat sich, sie am Anfang eines Trainings vorzustellen, wenn Motivation und Glauben noch hoch sind. Zieht man sie erst beim Eintritt in die Nahkampfphase aus der Tasche, verliert sie viel an Wirkung. Die Gruppe ist nämlich auf der Suche nach Schuldigen: „Vorher ging es uns gut, wir hatten keine Probleme und jetzt ist alles Mist, der Trainer ist Schuld!" An dieser Stelle ist es Gold wert, zieht man die altbekannte und schon vergessene Teamuhr aus der Tasche und sagt: „Eh Leute, super, toll, absolut prima! Wisst ihr, wo wir gerade sind? Auf dem richtigen Weg! Da müssen wir gemeinsam durch! Und ihr seid voll dabei. Von wegen, ihr hattet keine Probleme. Ihr habt sie bloß nicht mehr gesehen, verkannt, verdrängt, unter den Teppich gekehrt. Und jetzt sind wir auf dem Weg. Immerhin erkennt ihr jetzt wenigstens, wo es klemmt. Wir sind kurz nach der Drei und bis zur Sechs werden hier noch die Fetzen fliegen! Wollen wir weitermachen oder zurückgehen? Wollt ihr da durch oder stagnieren? Von Anfang an habe ich euch vorausgesagt, dass dieser Moment kommen wird – und er fängt erst an! Wer auf einen Berg will, muss erst einmal durch ein Tal, besonders wenn er von einem Hügel losgeht." .

Ein solchermaßen motiviertes Team kriegt sich wieder etwas ein. Zank und Konflikt sind nun legitimiert und erwünscht – wann darf man schließlich sonst einmal aussprechen was man denkt! Hier liegt es am Trainer, durch ständiges Reframen aus negativen und teilweise verletztenden Aussagen Positives herauszuarbeiten.

7.7 Übung Merkmale eines Teams

Vergleichen Sie bitte die erreichten Qualitäten Ihrer eigenen Organisationsgliederungen mit der „Checkliste für echte Teams" und den „Merkmalen echter Teams" und „Spitzenteams".

1. Welches Niveau wurde bisher erreicht?
2. Welche Gründe führten im positiven Sinne dazu, dass dieses hohe Niveau erreicht werden konnte?
3. Welche Einflüsse haben einen größeren Fortschritt verhindert?
4. Identifizieren Sie die fünf förderlichsten und die fünf hinderlichsten Einflüsse.
5. Wählen Sie für jeden dieser zehn Einflüsse fünf Maßnahmen, die geeignet sind, um den jeweiligen Einfluss positiv zu verstärken bzw. ins Positive umwandeln zu können (Überkompensation). Achten Sie bitte dabei darauf, dass Sie viele Maßnahmen finden, die für verschiedene Einflüsse gleichzeitig positive Wirkungen entfalten können. Maximal sollten möglichst nur 15 verschiedene Maßnahmen festgelegt werden.
6. Wählen Sie fünf dieser Maßnahmen aus und fertigen Sie für jede eine Umsetzungsskizze an! Die Unteraufgaben bitte dann in die Team-LOP (Liste Offener Punkte) entsprechend eintragen und ein sauberes Controlling durchführen.

7.8 Übung Vorteile der Teamarbeit: Was ist der Nutzen?

- Produktivität wird gesteigert: Innovation wird entwickelt.
- Kosteneinsparung: Verschwendung wird gestoppt.
- Qualität wird erhöht.
- Neue Produkte werden entwickelt: Alle Mitarbeiter sind beteiligt.
- Der Kunde rückt in den Mittelpunkt der Aktivitäten (intern/extern).
- verbessertes Arbeitsklima/höhere Arbeitszufriedenheit
- Mitbestimmung/Selbststeuerung am Arbeitsplatz
- Höherqualifizierung aller Mitarbeiter
- Meinungsfreiheit
- höhere Anwesenheitsquoten durch verbesserte Gesundheitsvorsorge
- Konsens/Partnerschaftskultur wird eingeführt.
- besseres Verständnis untereinander
- Preissenkungen
- höhere Produktionsmengen bei gleicher Mitarbeiteranzahl: Keine rationalisierungs-bedingten Entlassungen
- Arbeitsplatz- und Standortsicherung
- Gewinnen von Marktanteilen
- Eintritt in neue Märkte

Überprüfen Sie bitte die angegebenen Vorteile, die angeblich durch die Einführung von konsensorientierter Teamarbeit entstehen sollen und ergänzen Sie diese Punkte. Begründen Sie Ihre Entscheidung. Wählen Sie einen Moderator. Wählen Sie ein Teammitglied, das für die Gruppe präsentiert. Diese Person darf nicht mit dem Moderator identisch sein. Arbeiten Sie mit Karten. Sie haben eine Stunde Zeit.

7.9 Übung Teamtrainingsziele

Im Folgenden finden Sie Beispiele für Teamtrainingsziele:

- Konkurrenzfähigkeit verbessern
- Verantwortung des Einzelnen erhöhen
- Achtung vor den anderen erhöhen
- Betriebsklima verbessern
- Gesundheitsquote erhöhen
- Produktivität erhöhen
- vorhandene einzelne Arbeitsplätze bzw. Standorte sichern
- Krankenstand reduzieren und die Gesundheitsquote und damit auch die Anwesenheitsquote erhöhen
- Erhöhung der Anzahl an Verbesserungsvorschlägen
- Verbesserung des Informationsflusses zwischen allen Beteiligten
- besseres Verständnis untereinander
- herrschaftsfreie Kommunikation
- Hierarchieabbau
- verbesserte Führungsfähigkeit aller Mitarbeiter
- mehr Spaß und Freude bei der Arbeit
- leistungsgerechte und damit höhere Bezahlung
- Erhöhung der Pro-Kopf-Leistung und damit verbessertes Preis-Leistungs-Verhältnis der Ware Arbeitskraft.
- flexiblere Einsatzfähigkeit aller Mitarbeiter, auch der Führungskräfte
- Konsenskultur, Mitsprachemöglichkeit für alle Mitarbeiter
- kreativere und innovativere Zusammenarbeit
- Verbesserung der Kommunikationsfähigkeit aller Mitarbeiter
- Veränderung der Wertstellung aller Mitarbeiter in Richtung Partnerschaft und Mitunternehmerschaft
- Kreativitätsverbesserung
- Einführung kontinuierlicher Verbesserungprozesse (KVP)
- Grundlagen und Voraussetzungen schaffen für ISO 9000-Prozesse

Bitte ergänzen Sie diese Liste mit Ihren eigenen persönlichen Trainingszielen. Stimmen Sie diese in einer moderierten Gruppenarbeit mit ihren Partnern ab. Wählen Sie aus dem Fundus von gemeinsamen Trainingszielen zehn Ziele für Ihr Team aus und quantifizieren Sie diese.

7.10 Übung Ziele im Team vereinbaren

Entwickeln eines Teamzielplanes für die nächsten zwölf Monate.
Zielformulierungen beinhalten:

- Fachlichen Inhalt: Was soll erreicht werden?
- Welche Qualität soll das Produkt / Ergebnis aufweisen?
- Kosten: Wie viel darf es kosten?
- Termine: Wann muss es fertig sein?
- Qualität: Welche Qualität soll der Zielerreichungsprozess aufweisen, z. B. gutes Arbeitsklima usw.

Wenn nötig zusätzlich:

- Ort?
- Wo / wohin?
- Partner?
- Mit wem?
- Kümmerer?
- Wer ist für die Zielerreichung verantwortlich?
- Welche Ressourcen?
- Welche Hilfsmittel werden benötigt, um das Ziel zu erreichen?

7.11 Übung Teamerkennungs-
merkmale

Geben Sie jedem Punkt Noten von 1 (Ja) bis 5 (Nein) und ermitteln Sie einen Durchschnitt. Werten Sie alle Noten aus, die mehr als zwei Punkte abweichen. Beispiel: Wenn die Durchschnittsnote für „Besorgen das Fehlende" 1,5 ist, dann ist abzuklären, was dahinter steckt, wenn jemand auf diesen Punkt eine 4 oder 5 gibt.

Losing Teams

- kämpfen gegen einen, der sich zum Chef aufspielt
- sind mit über 15 Mitgliedern zu groß
- haben zu wenig Querdenker
- machen aus dem Wir-Gefühl eine Gefühlsduselei
- schieben sich gegenseitig die Schuld für Misserfolge in die Schuhe

Winning Teams

- sind nach Kompetenz und nicht nach Sympathie zusammengesetzt
- haben ein klares gemeinsames Ziel
- setzen Konflikte positiv um
- arbeiten transparent, jeder weiß, was der andere tut
- wissen, was außerhalb des Teams läuft
- konzentrieren sich auf Lösungen, den Kunden und Innovationen
- machen das Problem kleiner als sich selbst / als das Team
- identifizieren Fehler und stellen sie ab; suchen Ideen und Wege
- erzeugen Selbstmotivation und fordern zum zielorientierten Handeln heraus
- bauen ihre Partner zu „Weltklassepartnern" auf
- bauen Energie, Kreativität und Leistungskraft auf
- besorgen das Fehlende

...und Outdoor

Erlebnis- pädagogik und Outdoor- Training

8 Erlebnispädagogik und Outdoor-Training

Outdoor-Training, Experiential Learning, Outdoor Education, Adventure Education, Challenge by Choice, Challenge Learning, Erlebnislernen, Erlebnispädagogik – all diese Begriffe beschreiben ein innewohnendes Prinzip: Lernprozesse, die mit starkem Erleben einhergehen.

Generell gilt wohl Kurt Hahn als erster ziviler „Benutzer" dieses Ansatzes zur Erreichung ganz pragmatischer Ziele. Gemeinsam mit Laurence Holt gründete er in den 40er-Jahren an der Westküste von Wales eine Kurzzeitschule namens „Outward Bound", die sich ganzheitlich um das Verhaltenstraining bemühte. Hahn therapierte vier von ihm festgestellte Verfallserscheinungen:

- den „Mangel an Sorgsamkeit",
- den „Mangel an menschlicher Teilnahme",
- den „Mangel an Initiative und Spontaneität" und
- den „Mangel an körperlicher Tauglichkeit".

Skeptikern des Outdoor-Trainings sollte man diese Zeilen nicht zeigen! Denn sie werden genüsslich in die Runde schauen und sagen: So, so, seit über 60 Jahren kämpft man schon gegen diese Verfallserscheinungen. Betrachte ich unsere moppeligen Kinder, welche ihre Zeit sinn- und sorglos in öden Chatrooms oder banalen SMS-Aktionen versickern lassen, an deren verrohtem Geist alles Bildende traurig vorbeigeht, die ihre Lehrer erschießen, erstechen und bedrohen, deren menschliche Teilnahme sich im Verfolgen mediengestylten Seelenlebens dümmlicher Popstars erschöpft, dann kann man wohl mit Fug und Recht behaupten, dass diese Outdoor-Sachen es echt nicht bringen, oder? Hier sollte man antworten: „Ja, aber ohne Outdoor sähe es noch viel schlimmer aus. Und überhaupt, wie können Sie sich ein solches Urteil anmaßen, was qualifiziert sie dazu?" (Drei Tiefschläge am Stück!) Doch zurück zu Hahn.

Hahn schickte seine 16- bis 20-jährigen Teilnehmer in ein vierwöchiges Programm aus wiederum vier Hauptelementen:

- Körperliches Training, bestehend aus Leichtathletik im Verbund mit Natursportarten (Bergsteigen, Ski laufen und Segeln), Ballspielen und speziellen Parcours.
- Die Expedition, eine sorgfältig geplante Mehrtagestour, bei der sich die Teilnehmer neben der Anstrengung der Fortbewegung durch schwieriges Gelände zudem noch selbstständig um Alltäglichkeiten wie Essen und Unterkunft kümmern mussten.
- Das Projekt, eine thematisch und zeitlich geschlossene Aktion mit handwerklichem, technischem oder künstlerischem Inhalt.
- Der Dienst am Nächsten, die Ausübung einer Art Rettungsdienst mit Erster Hilfe, See- oder Bergnotrettung und Küstenwache.

Von der walisischen Küste aus begann diese Pädagogik „Hahn'scher" Prägung im wahrsten Sinne des Wortes Schule zu machen. 1941 wurde in Illinois die Fakultät für „Outdoor Education" gegründet. In den 50ern entstanden „Outward-Bound-Schools" in Amerika und im englischsprachigen Afrika, in den 60ern in Australien, Neuseeland und Asien. Heute ist das Outdoor-Training als Verhaltenstrainingsmethode auch in Südafrika, Hongkong und Singapur längst Alltag. In einer Autowerkstatt vor Bangkok aufs Anschweißen des abgerissenen Stabilisators wartend, schmökerte ich in Zeitschriften, die weltweit in Autowerkstätten gehobenen Niveaus auszuliegen scheinen. Bunte Hochglanzhefte mit Allradfahrzeugen, die sich durch unglaubliche Schlammlöcher kämpfen, daneben Annoncen mit metallenen Gebilden, die eben dieses noch erleichtern sollen. Eine dieser Anzeigen enthielt tatsächlich Werbung eines Outdoor-Anbieters! Auf dem Foto zwängten sich schlanke Thais durch ein Spinnennetz! Dies war eines der unerwartetsten Dinge, die mir in Asien passierten. Inzwischen ist die Zielgruppe wesentlich breiter als zu Hahns Zeiten. Neben Projekten zur Integration von Straftätern, zur Weiterentwicklung von sozialen Fähigkeiten bei Führungskräften, verschiedenen therapeutischen Ansätzen und Rehabilitationsmaßnahmen kommt auch der Normalbürger in den Genuss derartiger Aktivitäten. Beispielsweise wird versucht, durch die Bewältigung gemeinsamer Herausforderungen Rassenkonflikte abzubauen oder Mobbing am Arbeitsplatz durch gezielte Implementierung von Teamstrukturen einzudämmen.

In Deutschland werden seit etwa 1980 ebenfalls auch außerfachliche Qualifikationen in größerem Stile gefördert. Man hat erkannt, dass sich die Entwicklung so genannter „weicher" Fähigkeiten in den Arbeitsergebnissen niederschlägt. Bislang mangelte es allerdings an der Wissenschaftlichkeit des Gegenstandes. Daher findet nur ein schleppender Einzug der Erlebnispädagogik in die Bildungswelt statt. Inzwischen ist die Zahl der Outdoor-Anbieter rasant gewachsen, zahllose Studenten haben in ihren Arbeiten über das Thema referiert, so mancher rang sich eine Promotion ab, es gibt Studiengänge für Erlebnislernen, einen Bundesverband für Ropes-Course, kurzum, Herr Outdoor-Training ist aus der Nische des Exotischen hinüber zur Trenddecke gekrochen und steht neben Frau Wellness am Tresen gesellschaftlich akzeptierter Unternehmungen.

Noch einmal zu Hahn und seinen vier Verfallserscheinungen. Mir fällt noch ein fünfter ein. Es ist ein Mangel, der als solcher bald nicht mehr erkennbar sein wird, denn das Wort dafür verschwindet im Deutschen allmählich. Tests ergaben, dass von 20 Berufsschülern nur einer dieses Wort erklären konnte! Auch in Personalbüros spiele es nahezu keine Rolle mehr, erzählte kürzlich der für die Sichtung von Bewerbungsunterlagen Zuständige eines siliziumverarbeitenden Betriebes. Helfen sie mit, den linguistischen Tod dieses Mangels zu verhindern! Der von mir des Behebens für notwendig befundene Mangel, ist der Mangel an Bescheidenheit!

Outdoor-Training setzt den Schwerpunkt auf die ursprüngliche und neugierbetonte Art des Lernens und auf Arbeiten in der Gruppe. Dabei spielt auch der Spaß eine wichtige Rolle. In sicherer und kontrollierter Umgebung werden reale, problembehaftete Situationen aus dem Arbeitsalltag mit einer erlebnispädagogischen Übung modellartig nachgebildet. Da der Bezug von den modellhaften Übungen zum eigentlichen Trainingsziel nicht immer offensichtlich ist, stehen Dritte dem Outdoor-Training häufig mit Unverständnis und Skepsis gegenüber. Beim erlebnisorientierten Lernen liegt der Knackpunkt beim Transfer der Erfahrungen in den Arbeitsalltag. In der Transferrunde, die jeder Übung folgt, entwickeln die Teilnehmer selbst den Bezug zur Realität der Arbeitswelt. Wenn vorhandene, nicht mehr angebrachte Verhaltensweisen geändert werden sollen, erzeugt die übliche betriebliche Situation sofort erheblichen Widerstand: „Wir haben das schon immer so gemacht" (Tradition), „Wo kämen wir denn da hin, wenn jeder ..." (Machtmissbrauch in der Hierarchie), „Fehlt mit gerade noch, dass jemand etwas macht, worauf ich nicht gekommen bin" (Geltungssucht), „Sollen doch andere das machen" (Trägheit), „Der goldene Mittelweg ist der beste, blinder Eifer schadet nur" (Vorurteile, Klischeedenken) und „Immer muss ich die Drecksarbeit machen und die anderen haben den Erfolg" (Eifersüchteleien).

In einer neuen, ungewohnten Situation ist man eher dazu bereit, alternative Verhaltensweisen auszuprobieren und neue zu entwickeln. In der Nachbesprechung wird die Parallele zum Betrieb offensichtlich. Die in der Übung bewährte Verhaltensweise, wird nun ohne den sonst üblichen Widerstand auf den Betrieb übertragen.

Beim Outdoor-Training ist es wichtig, dass die Übungen in erster Linie eine psychische Herausforderung, nicht aber eine physische darstellen. Zum einen sollen alle Mitglieder eines Teams eine positive Gruppenerfahrung machen, zum anderen bringt physische Herausforderung immer Verletzungsrisiko mit sich.

Die Entwicklung von anfänglicher Skepsis hin zu Begeisterung durchläuft fast jeder Teilnehmer eines Trainings, der sich auf die Sache einlässt. Man vertraut auf die anderen und erspürt am eigenen Körper sehr intensiv die Kraft und die Energie des Teams. Die meisten Aufgaben lassen sich allein probieren, aber nur mit Synergie lösen. Veränderungen und das Austesten neuer Verhaltensmuster machen Spaß und der Erfolg lässt nicht auf sich warten. Die Anforderungen steigern sich von Übung zu Übung. Genügte anfänglich noch Entschlossenheit, d.h., Mut zum ersten Schritt, so ist später absolutes Teamwork nötig. Dabei kommen alle vorher erlernten Fähigkeiten immer wieder zum Tragen, wodurch ein intensiver Lerneffekt und hoher Praxisbezug sichergestellt wird.

8.1   Weshalb In- und Outdoor-Training?

Nach landläufiger Ansicht lernt der Mensch in drei Bereichen: kognitiv, emotional und affektiv; und zwar über drei Haupteingangskanäle: Sehen, Hören und Fühlen. Sollen nun Inhalte und Einstellungen dauerhaft und schnell übermittelt werden, ist ein ausgewogener Mix der Eingangsdaten anzustreben. Werden im „normalen" Seminar über Hören und Sehen vor allem kognitive Inhalte transferiert, so bedient der Outdoor-Teil den vernachlässigten Kanal Fühlen, der vor allem für die affektiven und emotionalen Inhalte zuständig ist. Dass speziell diese Inhalte wichtig sind, wissen wir, denn Widerstand spielt sich meist nicht nur im Kopf ab, sondern sitzt vor allem im Bauch und im Herzen. Etwas kognitiv kapiert zu haben heißt noch lange nicht, es zu commiten: etwas zu sagen bedeutet nicht, dass es auch gehört wurde; etwas zu hören bedeutet nicht, dass es auch verstanden wurde; etwas zu verstehen bedeutet nicht, einverstanden zu sein; einverstanden zu sein bedeutet nicht, damit sofort anzufangen und anzufangen bedeutet nicht, es auch fortzusetzen.

Anstrebenswert ist jedoch ein „Begreifen" des Prozesses, ein sofortiger Start und eine dauerhafte Anwendung und Weiterentwicklung. Um dies umfassend zu sichern, wird ein gesunder Mix von In- und Outdoor-Training als angebracht erachtet.

8.2   Anforderungen an „Outdoor-Leute": Trainer, Referenten oder Animateure?

Eine pauschale Antwort gibt es nicht. Fest steht, nicht jeder, der „Trainer" auf sein Visitenkärtchen druckt, handelt auch wie einer. Trainer kommt von trainieren, d.h., jemandem eine bestimmte Fähigkeit vermitteln und diese mittelfristig fixieren. So, wie ein Fußballtrainer dafür sorgen muss, dass Tore fallen, muss ein Trainer dafür sorgen, dass Ergebnisse erzielt werden. Egal ob Outdoor oder Indoor. Er muss Fähigkeiten, seien es nun Team-oder Führungsfähigkeiten, über den Rahmen des Seminars hinaus trainieren. Ob diese Fähigkeiten vermittelt oder nur geweckt werden, spielt keine Rolle. Die Vermittlung derart anspruchsvoller Inhalte setzt gewisse Grundkenntnisse voraus. Sind diese nicht vorhanden, bietet sich eine Arbeitsteilung zwischen Indoor- und Outdoor-Trainer an. Hier wird der Outdoor-Trainer zum Animateur (was nichts Schlechtes ist), da er die Verantwortung für die Ergebnisse nicht übernehmen kann. In der Mitte trifft sich die Sache beim Referenten. Der Outdoor-Trainer kennt sich in der Indoor-Materie etwas aus, ist aber nicht in der Lage diese zu *trainieren,* also Prozesse mit einer Qualität zu erzeugen, die einen dauerhaften Erfolg sichern. Er referiert also über ein Thema, gibt Denkanstöße und macht Vorschläge.

Als Trainer müsste man sowohl die *hard-skills* (die Übungsdurchführung) als auch die *soft-skills* (die Interventionen und das Debriefing) auf ein vorher vereinbartes Trainingsziel hin bündeln können. Als guter Trainer müsste man in der Lage sein, die verdeckten, nicht geäußerten oder nicht als solche erkannten Wünsche und Notwendigkeiten des Kunden zu erkennen und zu erfüllen. Als guter Trainer gilt es rauszukriegen, was der Kunde wirklich braucht. Und es gilt realistisch einzuschätzen, ob man diesen *wirklichen* Bedarf decken kann.

Zum Trainer werden die meisten Menschen nicht geboren, sie wachsen in diese Rolle hinein. Ob man nun über das Outdoor zum Indoor kommt oder umgekehrt, ist sekundär. Wichtig ist das Bewusstsein für den eigenen „Stand der Kunst" und der Wille zur Entwicklung. Gegenüber Kunden ist es sicherlich ratsam, nur Zielvereinbarungen abzugeben, die tatsächlich haltbar sind. Schwächen oder Bildungslücken zuzugeben sollte dabei kein Problem sein, da sich diese meist irgendwie kompensieren lassen. Es ist Quatsch, von einem Outdoor-Trainer zu verlangen, dass er selbst alles das können muss, was er vermitteln will. Zugegebenermaßen könnte dies die Arbeit erleichtern, aber die Teilnehmer müssen so oder so verschiedene Prozesse durchlaufen; und der Trainer hat mehr die Aufgabe, diese Prozesse zu forcieren und weniger als Vorbild zu dienen.

Man könnte Outdoor-Trainer als Hinweisschilder sehen, die Menschen zu bestimmten Dingen weisen. Und so, wie das Schild „Berlin" kurz hinter der französischen Grenze vor Freiburg garantiert noch nie am Brandenburger Tor weilte, so muss auch ein Trainer nicht unbedingt alles können. Allerdings muss er den Teilnehmern den Weg zeigen und ihnen immer wieder Unterstützung und Coaching zum Erreichen des gewünschten Ziels geben können.

Der ideale Trainer wäre unendlich geduldig, stets einfühlsam, allzeit bereit und aufmerksam, man könnte ihm morgens um halb fünf genauso wie um Mitternacht an der Bar sein Herz ausschütten. Tolerant und verständnisvoll spräche er mit den Menschen und heilte ihre Seelen. Niemals käme er aus der Ruhe, würde stets die Wogen glätten und wäre außerdem wahrscheinlich eine Frau. Als Trainer wäre diese Person optimal, als Freund möchte man sie sicher nicht. Denn wer ständig mit exakt tarierter Emotion kommuniziert, wird bald als unaufrichtiger Spinner empfunden. Und so kann es passieren, dass der Trainer am Abend den schweren Mantel des allzeitigen Menschen-Verstehens in die Ecke wirft und sich zotig übers Tagwerk äußert. Man soll dies nicht übel nehmen.

8.3 Begriffe

8.3.1 Outdoor-Übung

Alle Arten von erlebnispädagogischen Übungen, die der Durchführung oder des Platzbedarfes wegen im Freien stattfinden. Im Idealfall besitzt die Übung eine Metapher, die sowohl sozialen (Erlebnis) als auch funktionalen (Methodenwissen) Lerneffekt garantiert. Manchmal wird die Übung allerdings zum Selbstzweck, da das Erlebnis (der Kick) im Vordergrund steht. Klassisches Beispiel ist der Bungeesprung. Diese Art von Aktivitäten zählen nicht in meinem Sinn zum Outdoor-Training. Ebenso wenig wie Rafting, Abseilen und andere „verharmloste" Elemente aus Natur- und Trendsportarten. Da sie jedoch gleichwohl existieren, wird darauf noch eingegangen.

8.3.2 HighEvent

Übung, bei der das Element Höhe eine tragende Rolle spielt. Es findet eine Sicherung durch Seile statt, wobei die komplette Sicherungskette Redundanz aufweisen sollte. Redundanz bedeutet Unabhängigkeit der Sicherheit von Materialfehlern. Als Faustregel gilt: Die Verbindung vom Boden zum Teilnehmer ist zweimal vorhanden und funktioniert voneinander unabhängig. Etwa so, wie Sie an einem Auto zwei getrennte Bremssysteme finden. Bei HighEvents steht die Erlebniskomponente stark im Vordergrund, die Gefahr des Abgleitens in Wettkampf und Fun besteht permanent. HighEvents eignen sich als starke Eröffnung und zum Aufbrechen von verkrusteten Strukturen. Allerdings sollte ein Seminar nicht direkt mit einem HighEvent beginnen, schließlich lernen Sie ja auch nicht auf einem Formel-1-Wagen fahren. Erfahrungsgemäß überfordert eine ununterbrochene Folge von HighEvents die Teilnehmer physisch und psychisch. Grundsätzlich gibt es momentan zwei konkurrierende Systeme, um HighEvents zu strukturieren.

Beide Systeme setzen vom Grundgedanken her feste Aufbauten voraus. Jedoch können derartige Anlagen unter bestimmten Voraussetzungen (geeignete Bäume) auch mobil errichtet werden. Der Aufwand ist immens, die Sicherheit leidet dabei jedoch nicht. Bei mobil errichteten Anlagen ist stets auf eine Sicherheitsinfrastruktur zu achten; d. h., dass verletze Personen mit geringem Aufwand abtransportierbar sein müssen. Dies gilt sowohl für einfache Fußverletzungen (auf dem Weg gefallen) als auch für schwere Herz-Kreislaufprobleme.

HighEvents sollten immer nach dem Vieraugenprinzip überwacht werden. Die Sicherheitsausbildung der Trainer muss sehr umfassend sein. Die momentanen Curricula für eine HighEvent-Trainer-Ausbildung laufen über zwei bis drei Wochen und werden mit einer Art Copilotenrolle / Praktikum kombiniert. Allerdings bestehen Bestrebungen, die Ausbildungszeit beträchtlich auszuweiten.

8.3.3   TopRope Course

Wie der Name schon sagt, kommt das Seil hier immer von oben. Die Übungen sind prinzipiell voneinander getrennt. Der Teilnehmer wird eingehängt und dann permanent über ein Seil vom Boden aus gesichert. Während der kompletten Übung wird an der Sicherungskette nichts verändert, außer, dass das Seil immer straff gehalten wird. Die Teilnehmer operieren allein, zu zweit und maximal zu dritt (Kletterwand). Der Rest der Gruppe sichert vom Boden aus (zwei bis drei Personen pro Teilnehmer) und hilft mit Hinweisen.

Hauptvorteil: Sicherheit ist immer gewährleistet, Übungen haben im Regelfall eine funktionale Metapher

Hauptnachteil: es sind nicht immer alle Teilnehmer in die Aktion eingebunden; nach einer gewissen Zeit stellt sich ein Routineeffekt ein

Übliche Höhen: 6 bis 15 Meter

8.3.4   Railing Course, Seilgärten

Hier bewegt sich der Teilnehmer auf einer Ebene, die er – wie auch immer – irgendwie erklommen hat. Die Sicherung erfolgt ähnlich wie bei einem Hund, der eine Oberleine hat. Der Teilnehmer legt bestimmte Abschnitte im Seilgarten zurück (max. acht Meter) und muss sich danach in die nächste Oberleine einhängen. Die Sicherungskette wird also mehrfach unterbrochen.

Hauptvorteil:	es können beliebig viele Personen gleichzeitig agieren
Hauptnachteil:	Sicherung liegt in der Verantwortung der Teilnehmer; nicht immer ist eine funktionale Metapher erkennbar; soziale Komponenten stehen eindeutig im Vordergrund
Übliche Höhen:	6 bis 15 Meter

Zu unterscheiden sind noch redundante und einfache Systeme. Bei Redundanz könnte gewissermaßen jedes beliebige Teil reißen oder brechen, ohne dass dem Teilnehmer etwas passiert. Die Gegner dieses deutlich komplexeren Systems verteidigen ihre Vorgehensweise mit einer Überdimensionierung aller Bauteile. Dies ist ungefähr so clever wie bei einem Trabant vorn Scheibenbremsen einzubauen, die das Auto in zwei Sekunden zum Stehen bringen, und dafür auf den zweiten Bremskreis zu verzichten. Wenn die Scheibenbremsen ausfallen, und Material oder Bedienfehler sind niemals zu 100 Prozent eliminierbar, dann passiert eben doch ein Unfall. Darum: Bleiben Sie – industriestandardmäßig – redundant!

8.3.5   LowEvent

LowEvents sind Übungen, die praktisch an jedem beliebigen Ort innerhalb einer vertretbaren Zeit aufgebaut werden können. Das Element Höhe spielt hierbei keine Rolle, die Herausforderung ist in anderen Dingen versteckt. Daher sind die Sicherheitsanforderungen hier sehr viel geringer und leichter zu realisieren. Die sicherheitstechnische Ausbildung der Trainer lässt sich formalisieren und ist weitgehend mit Checklisten realisierbar. Beim LowEvent steht der funktionale Transfer im Vordergrund.

Ein LowEvent kann, wie zum Beispiel Brücken- oder Floßbau, an Geländevorgaben gebunden sein. Im günstigsten Fall sind auch LowEvents fest aufgebaut, ihr Vorteil liegt jedoch eindeutig in der schnellen und unkomplizierten mobilen Handhabung. Der nachfolgende Teil befasst sich mit LowEvents, da nur diese von „Laien" sicher zu handhaben sind.

8.3.6   Zero Accident

Dieser Begriff wurde vor allem von Siebert und Gatt mit ihrer gleichnamigen Broschüre im deutschen Sprachraum geprägt. Zero Accident meint eigentlich eine Binsenweisheit: Es darf keinem etwas passieren, weder physisch noch psychisch. Leider klaffen hier Realität und Wunsch arg auseinander. Outdoor-Training wird zum Teil immer noch wie eine Sportart durchgeführt: mit akzeptiertem Risiko. Ohne den Anspruch, ein Null-Fehler-Training durchzuführen, sollte man nicht anfangen. Die vorherrschende Meinung, Unfälle passieren eher bei Kletter- und HighEvent-Aktivitäten ist falsch. Vertrauensfall, Low-V, Low-X und selbst Übungen wie die Spinne produzieren mit Regelmäßigkeit teilweise schwere Verletzungen. Sicher bedeutet hier weniger, dass kein Unfall eintritt (dies ist der so genannte Worst Case), sondern dass keine unvorhergesehe Situation eintritt, die einen Unfall nach sich ziehen könnte. Pauschal sind alle diese „Wenn-" und „Kann"-Situationen im Folgenden mit „Unfall" umschrieben.

8.4   Was kann ich tun, um ...

8.4.1   ... physische „Unfälle" zu vermeiden

4-Augen-Prinzip Vier Augen sehen mehr als zwei. Bei HighEvents hat sich dieser Standard etabliert, bei LowEvents sieht es etwas anders aus. Hier ist die Kosten-Nutzen-Relation schlechter. LowEvents lassen sich im Wesentlichen allein managen. Anfangs, um Erfahrungen zu sammeln, sollte unbedingt zu zweit gearbeitet werden. Eine Person kann sich dann auf die Teilnehmer und Materialien konzentrieren, die andere umkreist – wie der Hund die Herde – in weitem Abstand das Geschehen, um sich einen Überblick zu verschaffen und Trends (wie aufkommende Hektik) zu erkennen.

Fragen/Schauen Mustern Sie in regelmäßigen Abständen ihre Teilnehmer. Sind alle noch „intakt"? Hat jemand eine roten Kopf, Unterzucker, Augen geschlossen oder hinkt? Fragen Sie beim leisesten Verdacht genau nach. Störungen haben Vorrang! Der Transfer für die Teilnehmer ist viel größer, wenn sie bemerken, dass unter ihnen etwas schief läuft ohne dass es jemand zu Kenntnis nimmt.

Geländewahl Nur Örtlichkeiten verwenden, welche überschaubar, befahrbar und der jeweiligen Übung angemessen sind.

Material Nur intaktes, unmittelbar vorher geprüftes und redundant dimensioniertes Equipment verwenden. Siehe jeweilige Übung.

Aufbau Sorgfältig und in Ruhe aufbauen, wenn möglich selbst ausprobieren, Mindestabstände zu potenziell gefährlichen Objekten einhalten. Siehe jeweilige Übung.

Durchführung Unfallschwerpunkte, physisch anspruchsvolle Elemente der Übung erwähnen, die medizinische Indikationen erläutern (welche Körperteile werden eventuell belastet), für Gehandicapte nach Alternativen suchen oder die Teilnahme ausschließen. Vor jeder Aktivität die Leute explizit auffordern, ihre Zipperlein mit dem Trainer zu besprechen und danach über eine Teilnahme entscheiden. Im Zweifelsfall lautet die Antwort: „Nein!"

Selbstverständlich darf niemand zu einer Teilnahme gezwungen werden; alles muss unbedingt auf freiwilliger Basis ablaufen. Sobald Gruppen- oder Leistungsdruck ins Spiel kommt, die Aktivitäten sofort stoppen. Ebenso bei Hektik, Euphorie oder Frust mit der Durchführung aussetzen. Nie unter Zeitdruck arbeiten (rechtzeitig zum Mittagessen fertig sein wollen). Ab und an – wenn möglich – einige Meter vom Geschehen entfernen, um sich einen Gesamtüberblick zu verschaffen.

Abbau Mit Ruhe und Sorgfalt abbauen, Material kontrollieren.

Erste Hilfe Kurs Sollte selbstverständlich vorab absolviert werden.

Rettungskette checken Wie sehen die Möglichkeiten aus, schnell an ärztliche Hilfe zu kommen? Telefonnummern, Telefonstandorte, nächstes Krankenhaus, Hubschrauber, Anfahrtswegbeschreibungen, Anreisedauer. Eventuell informieren Sie gegebenenfalls betroffene Anlaufstellen vorab von ihrem Vorhaben.

8.4.2   ... psychische „Unfälle" zu vermeiden

Arbeitsteilung Arbeit zwischen Outdoor und Indoor teilen. Wenn man sich auf Bretter konzentriert, ist es schwer, auch noch auf Menschen und Prozesse zu achten. Schaut man nur auf Prozesse und fokussiert sich auf schwierige Coachings, dann mangelt es an Aufmerksamkeit für die Hardware.

Grenzen Übungen rufen verschieden schwere Reaktionen hervor. Bleibe in deiner Kompetenz! Bist du nicht in der Lage, Reaktionen aufzufangen, dann ruf sie nicht hervor. Spiele Leute nicht gegeneinander aus. Fordern und fördern ohne zu überfordern. Menschen sind keine Spielzeuge! Halte dich mit Interpretationen und persönlichen Wertungen zurück. Es gab Fälle, in denen unangemessen reagierende Trainer Selbstmorde verursachten. Allgemein sollten Tansferintensität und Transferinhalte dem Indoor-Trainerstand entsprechen. Irgendeine Ausbildung psychologischer oder pädagogischer Couleur sollte vorhanden sein.
Es gibt kein Rezept zur Vermeidung von Zwischenfällen oder Unfällen. Akribische Auswertung aller potenziell gefährlichen Situationen und eine Anpassung der Abläufe hilft, das Risiko zu verkleinern. Ropes-Course-Standards sehen das Führen eines Logbuches vor. Bei LowEvents scheint dieser Aufwand vielleicht übertrieben, zwingt aber immer wieder zur aktiven Auseinandersetzung mit der eigenen Arbeit. Ich empfehle das Führen von Trainerprotokollen.

8.4.3   ... vorzubeugen

Führen eines Protokolls nach folgendem Schema:

Datum	*Firma*	*Cotrainer*
Ort	*Trainingsziel*	*Versicherung O.K.*
Beginn	*Teilnehmeranzahl*	*Zeitplan*
Ende	*Alter*	*Rettungskette*

Übung 1, 2, 3 ...
ungeplante Zwischenfälle
Vorfälle
Verletzung von Anweisungen
Material vorher / nachher
Hauptransfer
Teilnehmerstimmung
Verbesserungen
Bemerkungen
Variationen
Mängel behoben

Dieses Protokoll sollte an die jeweiligen Erfordernisse angepasst und erweitert werden. Nach jeder Übung sollte man sich selbst Feedback geben (zusätzlich zum Feedback der Teilnehmer) und nach Verbesserungen suchen.

Kennenlern-
spiele

9

9   Kennenlernspiele

9.1   Der kleine Klaus

Zeit Vier Minuten Einführung + eine Minute pro Person

Gruppencharakter Offene Gruppe, gutes Verhältnis zum Trainer, wenig Angst vor Gesichtsverlust untereinander

Anleitung Stellt euch im Kreis auf. Dieses Spiel dient zum einen dazu, dass ihr euch untereinander kennen lernt und zum anderen dazu, dass ihr nicht nur die Namen hört, sondern sie auch behaltet. Jeder bildet gleich mit seinem rechten Nachbarn ein Paar. Wenn es nicht aufgeht, dann bildet ein Tripel. Jetzt sucht ihr für euch gegenseitig ein Adjektiv und eine Geste. Das Adjektiv sollte etwas Positives sein und muss mit dem gleichen Buchstaben wie der Vorname beginnen. Zum Beispiel: „Ich bin der maßvolle Michael" (beschwichtigende Gestik). Dann machen alle im Kreis diese Geste nach und sprechen im Chor: „Du bist der maßvolle Michael."

Ab jetzt drei Minuten Zeit euch etwas auszudenken, dann geht's los.

9.2   Gegenseitige Vorstellung

Zeit Drei Minuten pro Person

Gruppencharakter Wenn sich Leute über ihre Vergangenheit profilieren müssen, ernste, verschlossene, misstrauische Gruppe; nur sinnvoll, wenn sich die Leute untereinander nicht kennen

Anleitung Der Trainer beginnt mit sich selbst: Name, Alter, Beruf, Kinder, Betriebszugehörigkeit und weiteren, eher langweiligen Details. Gleichzeitig kann unauffällig ein Sharing eingeflochten werden, damit steigt die Qualität der Runde erheblich und Vertrautheit wird aufgebaut, wenn jeder einen Teil der Gefühlslage preisgeben muss.

9.3 Erwartungen / Befürchtungen

Zeit Zwei Minuten pro Person

Gruppencharakter Die Therapiegruppe, also Leute, die kommen um etwas zu ändern. Etwas ängstlich, mit Vorbehalten, die unbedingt raus müssen. Gute Gelegenheit, um zu beruhigen.

Anleitung Jeder schildert einmal ganz kurz zwei Dinge: Was erwartest du hier und was befürchtest du hier.

9.4 Känguru

Zeit Sechs Minuten Einführung + eine Minute pro Person

Gruppencharakter Müssen gut drauf sein, keine Angst vor Gesichtsverlust haben; Traineranforderungen: Auch du musst cool sein!

Nötiges Grundmaterial Eine Tierkarte pro Person. Jede Tierkarte ist paarweise vorhanden, hat etwa das Format A6 und als Motiv ein gut nachahmbares Tier.

Anleitung Hier verbinden wir zwei Dinge: Zum einen wählen wir uns einen Lernpartner aus, zum andern lernen wir uns besser kennen. Hier sind Karten. Auf denen ist ein Bild. Es gibt von jedem Motiv ein Paar und noch ein Tripel, falls es nicht aufgeht. Ihr zieht die Karten und findet einfach euren Partner. Aber Achtung: Ihr dürft nur Geräusche und Gesten machen, die der Darstellung des Motivs dienen. Keine Worte! Wenn ihr euch gefunden habt, dann überlegt euch kurz, was an dem Motiv Gutes sein könnte und das erklären wir im Kreis. Beispiel: (durch den Raum hüpfend wie ein Känguru, tief in den Knie, die Hände vor dem Bauch gefaltet): Ich bin Michael von den Kängurus und ich bin es gern, weil als Känguru, da bewege ich mich so elegant. Und los geht's, hier sind die Karten!

9.5 Nehmen und geben

Zeit Drei Minuten Einführung + eine Minute pro Person

Gruppencharakter Neutral, gespannt, seriös mit Hang zur lustigen Nervosität (Wartezimmerstimmung)

Anleitung Unterhaltet euch mit eurem Nachbarn über zwei Dinge: Was wollt ihr von hier mitnehmen und was wollt ihr hier von euch einbringen. Dazu habt ihr jetzt vier Minuten Zeit. Stellt euch danach gegenseitig mit den Ergebnissen vor.

9.6 Walter Warzenschwein

Zeit Zwei Minuten Einführung + eine Minute pro Person

Gruppencharakter Locker, aufgeschlossen, Ansprache mit Vornamen darf kein Problem sein

Anleitung Findet mit eurem Nachbarn für jeden von euch ein Tier, dessen Anfangsbuch-staben mit dem eures Vornamens übereinstimmt und eine charakteristische Geste für dieses Tier. Stellt ihr euch bitte mit eurer Geste und dem Namen vor: „Ich bin Michael Maus" (Alfred Aal, etc.) und alle wiederholen im Chor Geste und Namen: „Du bist Michael Maus!"

Energizer

10

10 Energizer

10.1 Sinn und Zweck

Energizer werden kurze Aktionen genannt (max. zehn Minuten). Sie dienen vor allem dem Schaffen eines freundlichen, positiven, energiereichen Klimas. Die Menschen in Gruppen, die sich, zu was auch immer zusammengefunden haben, sind geistig meist mit sehr verschiedenen Dingen beschäftigt. Dann ist es schwer, einen gemeinsamen Aufsetzpunkt zu finden, um loszulegen. Genau hier setzt ein Energizer ein: Danach sind alle in der gleichen Stimmung. Vor allem nach dem Essen, wenn die Leute fest im Griff der Futterstarre gefangen sind, bewähren sich diese kurzen Einlagen. Immer wenn die Energie abfällt, aber eigentlich noch welche da sein müsste und das Klima tendenziös positiv ist, kann man etwas einstreuen. Vorsicht: Richtig schlechte Laune lässt sich durch einen Energizer nur bei sehr gutem Rapport bekämpfen. Und wer hat den schon, wenn die Fetzen fliegen. Es gilt generell: schnell und knapp erklären, vormachen und mitreißen. Beim Energizern ist man vom Tagewerk des Animateurs gar nicht mehr weit entfernt.

10.2 Sonnentanz

Zeit Zehn Minuten

Anleitung Stellt euch alle im Kreis auf. Hände auf die Schultern des Nebenmannes. Ich singe jetzt einmal vor, danach probieren wir gemeinsam: „Wir tanzen jetzt den Sonnentanz, Sonnentanz, Sonnentanz" – und dabei gehen wir rechts herum im Kreis, „Wir tanzen jetzt den Sonnentanz, Sonnen-, Sonnentanz". Und jetzt links herum: „Wir tanzen jetzt den Sonnentanz, Sonnentanz, Sonnentanz, wir tanzen jetzt den Sonnentanz, Sonnen-, Sonnentanz, He!" Und jetzt alle gemeinsam.

Nach der ersten Runde: „Haben wir schon den Sonnentanz mit Händen auf den Schultern getanzt?"

„Jaa!"

„Haben wir schon den Sonnentanz mit Händen an den Knien des Nachbarn getanzt?"

„Nein!"

„Müssen wir tun!"

„Wir tanzen ..."

„Haben wir schon den Sonnentanz mit Händen auf den Schultern getanzt?"

„Jaa!"

„Haben wir schon den Sonnentanz mit Händen an den Knien des Nachbarn getanzt?"

„Jaa!"

„Haben wir schon den Sonnentanz mit Händen an den Knöcheln des Nachbarn getanzt?"

„Nein!"

„Müssen wir tun!"

„Wir tanzen ..."

„Haben wir schon ..."

„Haben wir schon *das und das* (nächste Übung) gemacht?"

„Nein!"

„Müssen wir tun!"

Und los geht's!

10.3 Autorennen

Zeit Acht Minuten

Anleitung Entweder im Plenum oder im Kreis aufstellen. Günstig ist eine geeignete Musik wie „Race" von Yellow oder „Born to be wild" von Steppenwolf.

„Gut, wir fahren jetzt ein Rennen! Ich mach einmal vor, ihr könnt ja gleich mitmachen." Arme in Lenkradstellung heben. „Rechtskurve." Nach rechts beugen. „Linkskurve." Nach links beugen. „Bodenwelle." Sprung nach oben. „Brücke." Beugen. „Schlaglöcher." Schütteln. „Polizei." Nach vorn beugen, tiefer gehen, Bremsgeräusch machen. „Vorbei". Wieder hochkommen, Beschleunigungsvorgang, Vollgasgeräusch machen.

„Alles klar!" Musik ab und anfangen auf den Boden zu trampeln! Jetzt in beliebiger Reihenfolge die Ereignisse aneinander reihen. Bei höherer Geschwindigkeit schneller trampeln! „Linkskurve, Rechtskurve, Bodenwelle, Polizei, vorbei, Bodenwelle, Schlaglöcher ..."

10.4 Pferderennen

Zeit Zehn Minuten

Anleitung Entweder im Plenum oder im Kreis aufstellen. „Wir reiten jetzt (nach dem Essen) erst einmal aus." Stuhl um 180° drehen (Z-Achse) und anders herum darauf setzen. Wieder mit den Füßen auf dem Boden trampeln. „Es gibt Folgendes zu tun: reiten." Trampeln. „Schneller reiten." Schneller trampeln. „Hecke." Hochspringen. „Ast." Beugen. „Damen rechts." Kopf langsam rechts herum nach hinten drehen. „Damen links." Kopf langsam links herum nach hinten drehen. „Pfütze." In die Hände klatschen. „Und los geht's." Die Ereignisse nun beliebig aneinander reihen. Man kann auch zwei Leute nach vorn holen (beim Plenum) und direkt mitmachen lassen: Das sind Jonny Ripper und Jack the Walker, ihr seid die Indianer und verfolgt uns. Abschlusssatz: „Und nun noch viele kleine Pfützen für unsere tapferen Reiter." Applaus.

10.5 Sitzkreis

Zeit Acht Minuten

Anleitung Stellt euch im Kreis auf. Alle noch einen Meter nach vorn (innen), wir müssen dicht an dicht stehen! Dreht euch um 90° nach links! Gebt euch die rechte Hand mit eurem Gegenüber (funktioniert nur bei weniger als 15 Personen). Setzt euch nun ganz, ganz langsam auf die Knie des Hintermannes. Wenn alle sitzen, kann auch noch im Kreis gelaufen werden.

10.6 Trance-Tanz

Zeit Acht Minuten

Hinweis Dies ist ein übler Schocker und eher geeignet, die Macht von Rapport und kommunikativer Manipulation zu demonstrieren, als zu energizen. Ist geeignet bei Leuten, die verklemmt sind, aber nicht sein sollten und auch nicht unbedingt wollen.

Anleitung Musik laut einschalten (etwas Poppiges): „Leute kommt, lasst uns ein bisschen tanzen." Jede Wette, der Aufruf geht ins Leere. Musik leiser drehen: „Na gut, stimmt, wir haben hier ernsthafte Dinge zu tun. Und nachdem wir die ganze Zeit saßen, stehen wir wenigstens einmal auf, um die Finger vom Schreiben zu lockern. Also, wir bewegen die Finger ein wenig, und, da das Handgelenk ebenfalls betroffen ist, auch das Handgelenk. Die Ellenbogen sind auch eingerostet, bewegen, und die Schultern, und der verspannte Nacken mit den Halsmuskeln und der Oberkörper und die Hüfte und die Knie mit den Füßen, immer bewegen. Heh Leute, ihr tanzt ja doch!"

LowEvents

11

11   LowEvents

11.1   Erklärung

Name Die Übungen sind meist unter verschiedenen Namen bekannt. Teilweise gibt es auch den gleichen Namen für verschiedene Übungen. Hier hat quasi jeder Anbieter seine eigene Terminologie. Daher lohnt es sich immer, in Gesprächen den Inhalt genauer nachzufragen. Da viele Standards und Entwicklungen aus dem englischsprachigen Raum übernommen werden, ist die englische Bezeichnung beim Fachpublikum oft gebräuchlicher.

Parameter: ☆☆☆   Echtes Highlight! Tolle Übung!

                  ☆☆   Gute Übung! Empfehlenswert, muss man mal gemacht haben!

                  ☆   Nützlich, kann man auch machen

Richtziele Grobe Zielrichtungen, in die der Transfer meist gezogen wird.

Personen Anzahl der Personen pro Übung. Diese Anzahl bewegt sich zwischen Minimum und Maximum. Das Minimum zu unterschreiten bedeutet zum einen, die Dynamik der Gruppe einzuschränken, und birgt zum anderen Sicherheitsrisiken. Das Maximum zu überschreiten bedeutet ein sehr langes Debrief, gibt die Möglichkeit, „auszusteigen" und birgt wegen der schwierigeren Überwachbarkeit zudem Risiken.

Dauer Dauer von Aufbau und Durchführung. Eine Feedbackrunde ist immer inklusive, wird jedoch extra ausgeschrieben. Die Dauer hängt von der Komplexität der Übung ab, sollte aber immer nach dem tatsächlichen Verlauf festgelegt werden. Auch bei scheinbar primitiven Übungen können Konflikte aufbrechen, die sich mitunter kaum in einer Viertelstunde behandeln lassen.

Schwierigkeit Die Anforderungen der Übung an die Gruppe bestimmen den Zeitpunkt der Durchführung. Es wird unterschieden von guter Anwärmübung, die quasi überhaupt keine Ansprüche an die Gruppe stellt, bis zur extrem komplizierten und konfliktträchtigen Übung, die sowohl an die Gruppe als auch an den Trainer höchste Ansprüche stellt. Derartige Übungen sollten natürlich eher am Ende eines Trainings stehen, wobei ein gewisser Rapport zwischen Gruppe und Trainer unabdingbar ist.
Klassifizierung: keine Ø, gering ✳, mittel ✳✳, hoch ✳✳✳

Das *körperliche Engagement* beschreibt das Engagement, mit dem die Teilnehmer zur Sache müssen. Körperlich schwierig im Sinne von anstrengend ist keine der Übungen, da diese sonst ein nicht kalkulierbares gesundheitliches Risiko bergen würden. Klassifizierung: keine Ø, gering ✳, mittel ✳✳, hoch ✳✳✳. Hoch entspricht in etwa dem Raustragen einer schweren Mülltonne.

Das *geistige Engagement* beschreibt das zum Einsatz kommenden Gehirnschmalz. Keines bedeutet, dass weder emotional noch kognitiv irgendwelche Forderungen gestellt werden. Hoch bedeutet, das hier mit an Sicherheit grenzender Wahrscheinlichkeit persönliche Grenzen überschritten werden. Gleichzeitig kann es auch hohe Anforderungen an die Sozialkompetenz bedeuten. Klassifizierung: keine Ø, gering ✳, mittel ✳✳, hoch ✳✳✳.

Der *Zeitpunkt* der Durchführung ist entscheidend für den Erfolg/Transfer der Übung. Viele Übungen müssen im Kontext anderer Übungen passieren, sonst ist die Gruppe der Anforderung nicht gewachsen oder sie wird unterfordert. Manche Übungen enden zwangsläufig als Fehlschlag (im Sinne des Gegenstandes, nicht im Sinne des Transfers). Da ist es günstig, wenn sie nicht gerade am Ende stattfinden, sonst gehen die Leute verärgert nach Hause. Klassifizierung: eher am Anfang, eher in der Mitte, eher am Ende. Die Klassifizierungen beziehen sich auf eine Outdoor-Trainingseinheit. In der Regel sind dies ein bis drei Tage.

Benötigtes Grundmaterial Hier werden alle für die Übung und die Aufbauten notwendigen Materialien aufgezählt, die immer wieder verwendet werden können.

Benötigtes Verschleißmaterial Dieses Material wird verbraucht und muss bei jeder Übung neu beschafft werden.

Aufbauanleitung Anleitung zum Aufbau der Übung und zur Vorbereitung der Durchführung. Achtung: Bevor man ernst macht, sollte man eine Übung vorab einmal ohne Zeitdruck aufgebaut haben. Es dauert meist länger als man denkt und ganz am Schluss fehlt immer noch etwas. Besser also, daheim in Ruhe ausprobieren, bevor die Teilnehmer warten müssen, bis du aus dem Baumarkt zurückkommst!

Sicherheit beim Aufbau Was beim Aufbau und bei der Geländewahl zu beachten ist.

Anleitung Anleitung der Übung, Regeln und Hinweise an die Teilnehmer.

Medizinische Hinweise Hier stehen zu beachtende Indikationen. Letztendlich entscheiden die Teilnehmer selbst über ihre Teilnahme an der Übung. Im Zweifelsfall heißt die Antwort immer „Nein". Wenn sich jemand unschlüssig ist, so soll er sich die Sache erst einmal anschauen und dann, wenn Fanggriffe zur Routine geworden sind, über eine Teilnahme entscheiden. Der Trainer muss alle Indikationen vor der Übung ausführlich erwähnen und Betroffene dazu aufrufen, sich persönlich von ihm beraten zu lassen.

Während der Übung kann auch eine Menge passieren. Der Trainer hat manchmal regelnd einzugreifen. Wie, findet sich hier:

Sicherheit bei der Durchführung Sicherheitshinweise zur Durchführung der Übung. Im Prozess auftretende Schwierigkeiten und Risiken.

Wartung Wartung, Kontrolle und Reinigung der Materialien. Hinweise zum Abbau.

Wichtige Hinweise Diverse Hinweise, beispielsweise: Vor Beginn jeglicher Aktivität sehr genau die komplette Anleitung zur Übung durchlesen. Die hier gegebenen Hinweise können nicht vollständig sein. Schema-F-Vorgehen und Checklisten ersetzen nicht den gesunden Menschenverstand. Selbst mitdenken ist gefragt!

Variationen Variationen und Veränderungsmöglichkeiten zur Anpassung an situative Bedingungen. Bekannte Spielarten der Übung.

Schule Hier finden sich spezielle Hinweise, inwieweit Unterschiede zwischen Business und „Schuldurchführung" bestehen.

Raum für eigene Notizen Dies ist mehr als ein Lückenfüller! Jedes Mal wird die Übung ein klein wenig anders ablaufen. Mach dir nach jeder Übung Notizen über gewonnene Erkenntnisse. Auch wenn manches Erlebnis prägend erscheint (Übung lief total daneben), nach zwei Jahren ist vergessen wieso und weswegen! Spontane Interventionen, veränderte Anleitungen, unvorhergesehenes Teilnehmerverhalten (woraus sich neue Regeln ableiten können) usw. gehören unter diesen Punkt.

11.2 Strafen und Erschwernisse

Bei Regelverstößen kann der Trainer eingreifen oder die Überwachung den Teilnehmern als Teil der Übung übertragen. Man kann die Aktivitäten einige Sekunden stoppen, Leute stumm machen, ganz aus der Übung entziehen, Leute lose zusammenfesseln oder die Augen verbinden.

11.3 Blindflug ☆☆☆

Finden eines 100 bis 200 Meter
entfernten Zieles mit verbundenen
Augen

Richtziele Zielfindungsprozesse, Zielerreichung, Visionen entwickeln und sharen

Personen Etwa 6 bis 20 pro Gruppe

Dauer Gesamt 70 Minuten
Übung 45 Minuten
Debrief 25 Minuten

Zeitpunkt eher am Anfang

Schwierigkeit ✳✳   körperliches Engagement ✳✳
geistiges Engagement ✳✳

Benötigtes Grundmaterial ein Helm je Teilnehmer; eine Augenbinde je Teilnehmer; ein etwa zehn Meter langes Seil; eine Schale um Brillen darin unterzubringen; ein auffälliges Objekt als Ziel; eine Markierung für die Startzone; eine Markierung für die Linie zum Anschauen

Aufbauanleitung

Das Ziel in etwa 200 Meter Entfernung von der Startzone anbringen. Dabei darf das Ziel aus der Startzone heraus nicht sichtbar sein. Eine etwa 25 Quadratmeter große Startzone markieren. Es darf keine natürliche Verbindung zum Ziel bestehen (etwa eine Straße oder ein Gartenzaun an dem man sich entlangtasten kann). Es muss einen Platz geben, der von der Startzone nur wenige Meter entfernt ist, und von dem aus das Ziel sichtbar ist. Das Ziel sollte in Brusthöhe an einem Baum o. Ä. befestigt sein.

Sicherheit beim Aufbau Das Gelände darf keine Unebenheiten aufweisen. Es dürfen keine „Stolpersteine" (Bordsteine, Kanaldeckel etc.) im Weg liegen. Objekte, die bei Kollisionen Verletzungen erzeugen können (Schilder, Fahrzeuge etc.), sind zu entfernen oder zu polstern. Disteln, Brennnesseln, herabhängende Äste und stachelige Gewächse dürfen nicht in der Bahn liegen. Das Gelände darf nicht rutschig oder glitschig sein!

Anleitung In dieser Übung geht es um Ziele, um Visionen, die man vielleicht einmal erarbeitet hat, und die man – wie auch immer – aus den Augen verlor. Vielleicht, weil das Tagesgeschäft den Blick für die Ferne trübt, vielleicht, weil man allein zu wenig Motivation zum Vorausschauen hat oder vielleicht, weil man gar nicht mehr daran glaubt. Findet nun einen Weg, eure Vision zu erreichen.

Als Hilfsmittel gibt es ein Seil, ihr dürft euch maximal in zwei Untergruppen teilen.
Dies hier ist die Startzone. Sobald eine Person den Rand übertritt sind alle blind!

Sicherheitshinweise: Lauft langsam, mit kleinen Schritten. Eine Hand immer in Augenhöhe
nach vorn halten, um Hindernisse zu ertasten. Da das Ziel nicht in einem Busch verborgen
ist, braucht ihr in Büsche und Sträucher nicht weiter einzudringen. Personen mit Knöchel-
problemen müssen über eine Teilnahme selbst entscheiden. Festes Schuhwerk ist nötig.
Bei dieser Übung herrscht Helmpflicht, Brillen könnt ihr abnehmen, da diese ohnehin nur
eine geringe Hilfe sind.
Es ist verboten, sich an das Seil zu binden (Sturzgefahr).
Austeilen und Erklären von Helmen und Augenbinden.
Nun geht's dahin, von wo aus das Ziel zu sehen ist: Hier habt ihr zwei Minuten Zeit, euch
das Ziel anzusehen und den Weg zu betrachten.
Nach zwei Minuten zurück zur Startzone.
Ab jetzt habt ihr 20 Minuten Zeit, dass Ziel zu erreichen. Das Ziel ist erreicht, wenn jeder
das Ziel berührt hat. Erst dann darf die Binde entfernt werden. Man kann gemächlichen
Schrittes in zwei Minuten zum Ziel gelangen. Wenn ihr es für sinnvoll haltet, dann nutzt
einen Teil eurer Zeit zum Planen.

Medizinische Hinweise Personen mit Fußproblemen (Bänder) sollten nicht teilnehmen.

Während der Übung Darauf achten, dass niemand unter der Augenbinde durchschaut.
Einfacher Test: davor stellen und mit dem Arm Richtung Gesicht schlagen. Zuckt die
Person zurück – schnell und leise die Augenbinde nachziehen, Person ein paar Mal drehen
und woanders wieder einreihen. Zeit ansagen: noch zehn Minuten, noch drei, noch eine.
Kommt die Schlange ganz aus der Richtung, dann einer passiven Person kurz die Binde
abnehmen.
Wird das Ziel binnen vorgegebener Zeit (20 Minuten) nicht erreicht, gilt Folgendes:
Jeder streckt jetzt seinen Arm in die Richtung, in der er das Ziel vermutet. Mit dem ande-
ren Arm nehmt ihr die Binde ab und schaut euch einmal um.
Prinzipiell kann es bei der Übung nicht genug Konflikte geben. Wenn die Gruppe „zu gut"
ist, dann die Übung verschärfen. Vorsicht: Nie das Ziel umhängen, dies fällt auf!

Sicherheit bei der Durchführung Darauf achten, dass: niemand rennt, keiner an kritischen
Stellen hinfällt, niemand mit Hindernissen kollidiert, immer alle im Blickfeld sind, sich nie-
mand verknotet und in Panik verfällt. Die Schlange ständig begleiten und an kritischen
Stellen leiten.

Wartung Die Tücher sollten aus hygienischen Gründen nach jeder Benutzung gewaschen
werden. Kontrolle der Helme auf Beschädigungen von Schale und Schnallen.

Wichtige Hinweise Brillenschale mit zum Ziel nehmen, damit die Leute dort wieder „richtig" sehen können.

Variation Bei größeren Gruppen und Trainingszielen wie abteilungsübergreifendes Denken, Abbau von Kostenstellendenken und interner Konkurrenz, abteilungsübergreifender Kooperation und Win-Win-Denken. Zwei verschiedene Startpunkte auf das gleiche Ziel festlegen.

Schule Die Debriefingschwerpunkte müssen hier anders liegen. Im Regelfall haben Schüler große Probleme mit Körperkontakt und Blindheit. Man kann nicht davon ausgehen, dass sich alle an die Regeln halten. Bei genügend Schülern: Beobachter einsetzen, die die Blindheit überwachen. Debrief: Was passiert in deinem Lehrbetrieb oder, wenn du dich nicht an die Regeln hältst? Ist es wichtig, sich an Regeln zu halten? Warum machen wir das hier und wird es noch funktionieren, wenn gegen Regeln verstoßen wird?

Raum für eigene Notizen:

11.4 Nightline ☆☆☆

*Blindes Erforschen eines
Labyrinths und Katalogisieren
von Gegenständen*

Richtziele Kooperation, strukturiertes Vorgehen, interne Kommunikation

Personen Etwa sechs bis elf pro Gruppe; es kann mit mehreren Gruppen gearbeitet
werden

Dauer Gesamt 90 Minuten
Übung   60 Minuten
Debrief 30 Minuten

Zeitpunkt eher in der Mitte

Schwierigkeit ✱✱   körperliches Engagement ✱✱
                            geistiges Engagement ✱✱

Benötigtes Grundmaterial ein Helm je Teilnehmer; eine Augenbinde je Teilnehmer; etwa 100 Meter Seil; etwa 40 Gegenstände, die alle leicht ertastbar sind (Schuhe, Schrauben, Muttern, Handfeger, o. Ä.); Klebeband; Startzonenmarkierung je Gruppe; eine Schale pro Gruppe (um Brillen darin unterzubringen)
Eine Aufsichtsperson pro Gruppe!

Aufbauanleitung

Von den Startzonen aus darf das Gelände auf keinen Fall zu überblicken sein. Am besten beginnt man aus einem Hausflur heraus. Das Seil wird an der Startzone befestigt und bleibt danach idealerweise immer in Hüfthöhe. Etwa 20 Meter nach dem Start beginnt das Seil sich zu verzweigen, zu kreuzen, zu achten, zu verringeln, Sackgassen zu bilden und so weiter. Der Fantasie (und der Bosheit) sind hier keine Grenzen gesetzt. Die Gegenstände werden in gleichmäßigen Abständen an der Leine verknotet oder mit dem Klebeband befestigt. Allerdings muss es ein oder mehrere Enden an der Leine geben, die in den weiteren Startzonen enden. Damit ist sichergestellt, dass sich die Gruppen irgendwann begegnen.

Sicherheit beim Aufbau Das Gelände darf keine Unebenheiten aufweisen. Es dürfen keine „Stolpersteine" (Bordsteine, Kanaldeckel etc.) im Weg liegen. Objekte, die bei Kollisionen Verletzungen verursachen können (Schilder, Fahrzeuge etc.) sind zu entfernen oder zu polstern. Disteln, Brennnesseln, herabhängende Äste und stachelige Gewächse dürfen nicht in der Bahn liegen. Das Gelände darf nicht rutschig oder glitschig sein! Die Gegenstände sollten leicht und ohne scharfe Kanten sein. Das Seil oder der Strick muss eine Mindestdicke haben, damit sich niemand die Hände verletzen kann. Eine Angelsehne o. Ä. ist daher nicht geeignet. Die Gegenstände dürfen beim Ertasten keine Verletzungen verursachen. Gabeln, Scheren und dergleichen meiden!

Anleitung Folgt dieser Leine und merkt euch alle Gegenstände, die ihr findet. Am Schluss sollen alle Gegenstände in der **zeitlichen Reihenfolge** ihrer Entdeckung aufgezählt werden. Werden die Listen aller Gruppen miteinander verglichen, so müsste sich Übereinstimmung in Anzahl und Reihenfolge ergeben, da alle das gleiche Seil (aus unterschiedlicher Richtung) abarbeiten. Stellen Sie sich einfach vor, Sie übernehmen als Team einen neuen Bereich und müssen zuerst eine Revision durchführen. Und so, wie Sie diese wichtige Revision planen und durchführen würden, so tun Sie es auch hier!

Die Startzone: Sobald eine Person den Rand übertritt sind alle blind!

Sicherheitshinweise: Lauft langsam, mit kleinen Schritten. Eine Hand immer in Augenhöhe nach vorn halten, um Hindernisse zu ertasten. Personen mit Knöchelproblemen müssen über eine Teilnahme selbst entscheiden. Festes Schuhwerk ist nötig. Bei dieser Übung herrscht Helmpflicht. Brillen könnt ihr abnehmen, da diese ohnehin nur eine geringe Hilfe sind.
Austeilen und Erklären von Helmen und Augenbinden.
Ab jetzt habt ihr 35 Minuten Zeit, alle Gegenstände zu identifizieren. Die Übung ist beendet, wenn ihr den Startpunkt der anderen Gruppe erreicht habt. Erst dann darf die Binde entfernt werden. Wenn ihr es für sinnvoll haltet, dann nutzt einen Teil eurer Zeit zum Planen. Übrigens sind schriftliche Aufzeichnungen nicht erlaubt. Findet einen Weg sicherzustellen, dass ihr euch alle Gegenstände merken könnt.

Medizinische Hinweise Personen mit Fußproblemen (Bänder) sollten nicht teilnehmen.

Während der Übung Darauf achten, dass niemand unter der Augenbinde durchschaut. Einfacher Test: davor stellen und mit dem Arm Richtung Gesicht schlagen. Zuckt die Person zurück – schnell und leise die Augenbinde nachziehen, Person ein paar Mal drehen und woanders wieder einreihen. Zeit ansagen: noch zehn Minuten, noch drei, noch eine. Wenn eine Gruppe der anderen helfen will, so ist rufen erlaubt.

Sicherheit bei der Durchführung Darauf achten, dass niemand rennt, keiner an kritischen Stellen hinfällt, niemand mit Hindernissen kollidiert, immer alle im Blickfeld sind, sich niemand verknotet und in Panik verfällt. Jede Gruppe braucht eine Aufsichtsperson, notfalls jemand aus der Gruppe, der dann auch seine Eindrücke im Debrief beschreiben kann.

Wartung Die Tücher sollten aus hygienischen Gründen nach jeder Benutzung gewaschen werden. Kontrolle der Helme auf Beschädigungen von Schale und Schnallen. Säubern und Kontrollieren der Gegenstände auf Beschädigungen. Gegenstände auf Beschädigungen (spitze Kanten) untersuchen.

Wichtige Hinweise Brillenschale mit zum Ziel nehmen, damit die Leute dort wieder „richtig" sehen können. Es ist unnötig, irgendwelche Konflikte zu schüren, diese entstehen von allein. Auf keinen Fall darf vor Erreichen der ersten Kreuzung durchsickern, dass es überhaupt mehr als nur eine gerade gespannte Schnur gibt.

Schule Die üblichen Anti-Körperkontakt-Blindheit-Maulereien. Schüler machen sich die Weitläufigkeit der Übung zu Nutze: Sie versuchen zu schummeln.

Raum für eigene Notizen:

11.5 Blinde Figuren ☆☆☆

Blind geometrische Figuren auf den Boden legen

Richtziele Kommunizieren von Ideen, Konsens erzeugen

Personen fünf bis zehn

Dauer Gesamt 45 Minuten
Übung 30 Minuten
Debrief 15 Minuten

Zeitpunkt eher am Anfang

Schwierigkeit ✳✳   körperliches Engagement Ø
geistiges Engagement ✳✳

Benötigtes Grundmaterial eine Augenbinde pro Person; ein etwa sieben bis zwölf Meter langes Seil

Sicherheit beim Aufbau Ebenes und rutschfestes Gelände ohne Stolperfallen

Anleitung Verbindet euch die Augen, nun legt mit dem Seil Figuren auf dem Boden aus. Wenn ihr der Meinung seid, dass die Figur auf dem Boden korrekt ist, dann nehmt die Binden ab. Beginnt mit einem Quadrat; jetzt ein Kreis; nun ein fünfzackiger Stern; abschließend euer Firmenlogo.

Während der Übung Die Planung muss immer blind durchgeführt werden.

Wartung Die Tücher sollten nach jeder Benutzung gewaschen werden.

Wichtige Hinweise Wenn die Sache langweilig wird: abbrechen. Man kann zwischendurch ein Kurzdebrief im Sinne von KVP, Austausch von Informationen (wie sieht der Stern eigentlich aus) und Umgang mit Vorschlägen (Kritik und Nichteinhaltung der Brainstormingregeln) durchführen.

Schule Jugendliche sind schneller frustriert als man annehmen möchte. Abhilfe: Wettkampf mit zwei Gruppen um die exakteste Figur.

Raum für eigene Notizen:

11.6 Trolley ☆☆☆

*Mit einer Art
Riesenski laufen*

Richtziele Zusammenarbeit im weitesten Sinne, Konsens finden, motivieren

Personen 4 bis 18 Personen

Dauer Gesamt 30 Minuten
Übung   20 Minuten
Debrief 10 Minuten

Zeitpunkt eher am Anfang

Schwierigkeit ✳ körperliches Engagement ✳✳
geistiges Engagement ✳

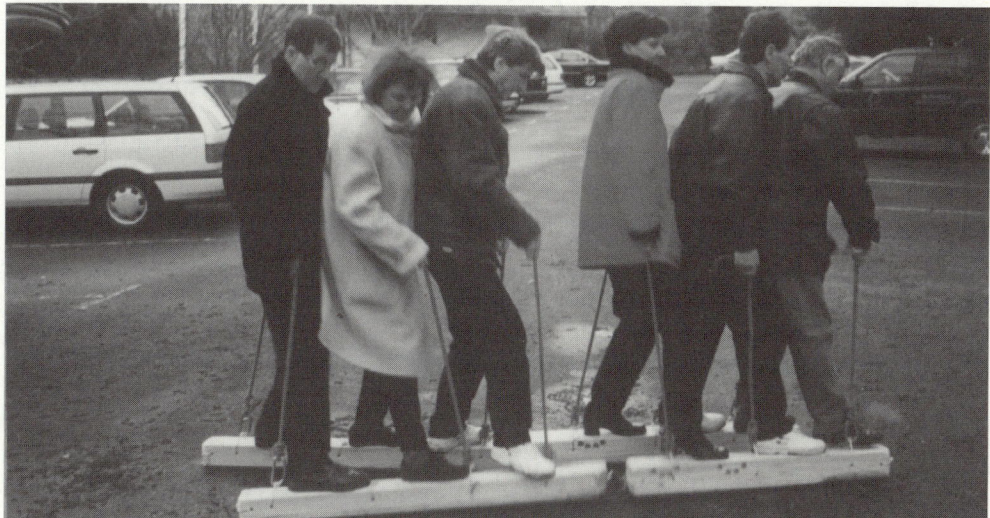

Benötigtes Grundmaterial ein modularer „Superski" (Trolley); acht Balken (120 x 120 mm) mit Längen von 50 cm bis 150 cm, die sich per Karabiner aneinander koppeln lassen. Die Balken besitzen alle 30 cm ein 150 cm langes Tau.

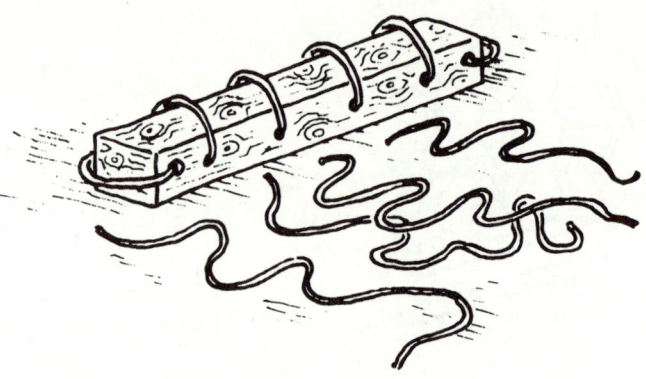

Benötigtes Verschleißmaterial Keines

Aufbauanleitung Balken in zwei Reihen nebeneinander legen und die Balken jeder Reihe verkoppeln.

Sicherheit beim Aufbau Gelände muss eben sein. Im Umkreis von drei Metern dürfen sich keine Gegenstände befinden. Die Balken müssen vollständig auf dem Boden aufliegen.

Anleitung Lauft mit Hilfe dieses Gerätes ohne mit den Füßen den Boden zu berühren zum Ziel (etwa 25 Meter entfernt).

Medizinische Hinweise Fußkranke dürfen an dieser Übung nicht teilnehmen.

Während der Übung Wenn die Idee zum Entkoppeln der Balken bereits während der ersten Meter kommt, noch abblocken.

Sicherheit bei der Durchführung Nicht die Seile an Füße, Hände oder Beine binden! Jeder muss jederzeit abspringen können. Sichern bei hilfsbedürftigen oder unsicheren Personen.

Wartung Auf Splitter kontrollieren

Variationen In der Mitte des Weges umkehren lassen, dabei beobachten, ob die Teilnehmer einen Bogen laufen oder sich auf dem Balken drehen. Stumm laufen lassen.

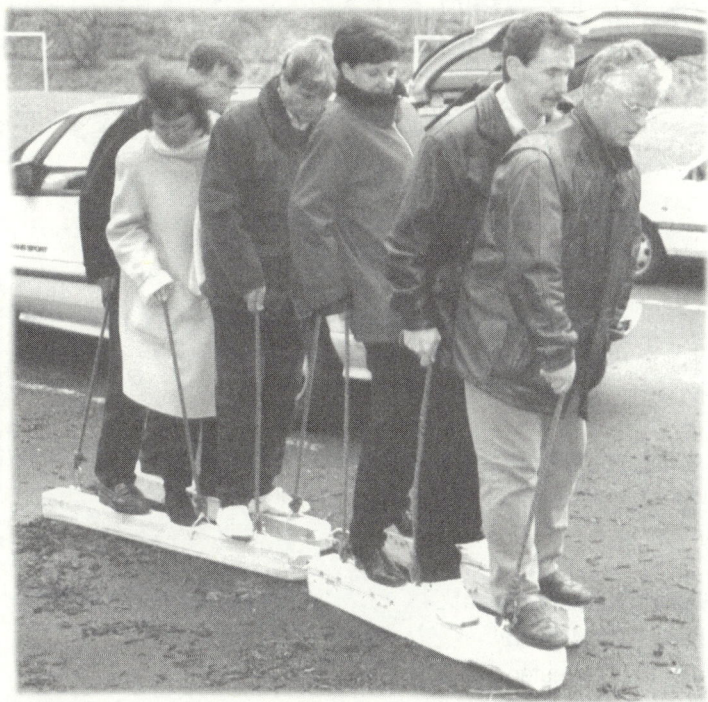

Schule Jugendliche finden diese Übung äußerst uncool. Mit Hip-Hop-Rapper-Hosen und Backsteinschuhen fallen sie schnell auf die Nase, dann scheppern Handys übers Pflaster.

Raum für eigene Notizen:

11.7 Animal Shuffle ☆

Auf einem Balken aufgereiht die Positionen wechseln

Richtziele Eigentlich eine Warm-Up-Übung, gegenseitig motivieren

Personen ab sechs

Dauer   Gesamt 20 Minuten
              Übung   15 Minuten
              Debrief   5 Minuten

Zeitpunkt zu Beginn

Schwierigkeit ✳   körperliches Engagement ✳✳
                                    geistiges Engagement   ✳

Benötigtes Grundmaterial Balken mit 30 bis 40 cm Standfläche pro Person, Breite etwa 12 bis 16 cm

Aufbauanleitung Balken auslegen. Pro Person etwa 30 bis 40 cm Standlänge einplanen. Man kann die Balken auch über Eck anordnen.

Sicherheit beim Aufbau Der Balken muss stabil liegen und darf nicht kippen! Ringsherum mindestens 150 cm Auslaufgelände. Der Balken darf nicht glatt oder rutschig sein. Vorsicht bei Regen!

Anleitung Stellt euch alle schnell auf den Balken. Nun ordnet euch stumm – ohne zu sprechen – nach Geburtstagen an. Wir beginnen ganz links mit Januar und ganz rechts steht dann der Dezember. Ihr habt zehn Minuten Zeit, bei Bodenberührung müssen 30 Sekunden Pause eingelegt werden.

Medizinische Hinweise Vorsicht bei Knöchelproblemen!

Während der Übung Regeln überwachen und Zeitstrafen verhängen

Sicherheit bei der Durchführung Kletteraktionen unterbinden, im Zweifelsfall Personen sichern, auf festes Schuhwerk der Teilnehmer achten. Keine Teilnahme in Stöckelschuhen!

Wartung Bei einem stationären Balken: rau halten und säubern.

Variationen Mit verbundenen Augen: Stellt euch stumm und der Schuhgröße nach in einer Reihe auf (Natürlich ohne Balken!).

Raum für eigene Notizen:

11.8 Acid River ☆☆☆

Mit Holz und Köpfchen von hier nach da kommen

Richtziel Kreativität

Personen sechs bis sieben pro Brücke

Dauer Gesamt 40 Minuten

Zeitpunkt egal

Schwierigkeit ✳✳   körperliches Engagement ✳✳
                             geistiges Engagement ✳

Benötigtes Grundmaterial Für sechs Personen: ein Balken (120 x 120 x 1500 mm); zwei Balken (120 x 120 x 3000 mm); zwei runde Plattformen (ø 60 – 70 cm) oder zwei Balken (120 x 120 x 1900 mm) und fünf Plattformen (ca. 40 x 40 cmm)

Aufbauanleitung Ersten kurzen Balken quer hinlegen; erste Scheibe in 1,4 Meter vom Balken Entfernung hinlegen; zweite Scheibe in 1,4 Meter Entfernung von der ersten Scheibe hinlegen; zweiten kurzen Balken wieder 1,4 Meter dahinter legen oder die Plattformen so anordnen, dass man nur unter Ausnutzung der Mittelsenkrechten zur nächsten Plattform kommt. Die Balken liegen am Anfang hinter der Startlinie.

Sicherheit beim Aufbau Das Gelände muss eben, frei von Stolperfallen und rutschfest sein. Alle liegenden Gegenstände müssen stabil – ohne zu rutschen oder zu kippen – aufliegen. Der Balken darf keine scharfen Kanten oder Holzsplitter haben.

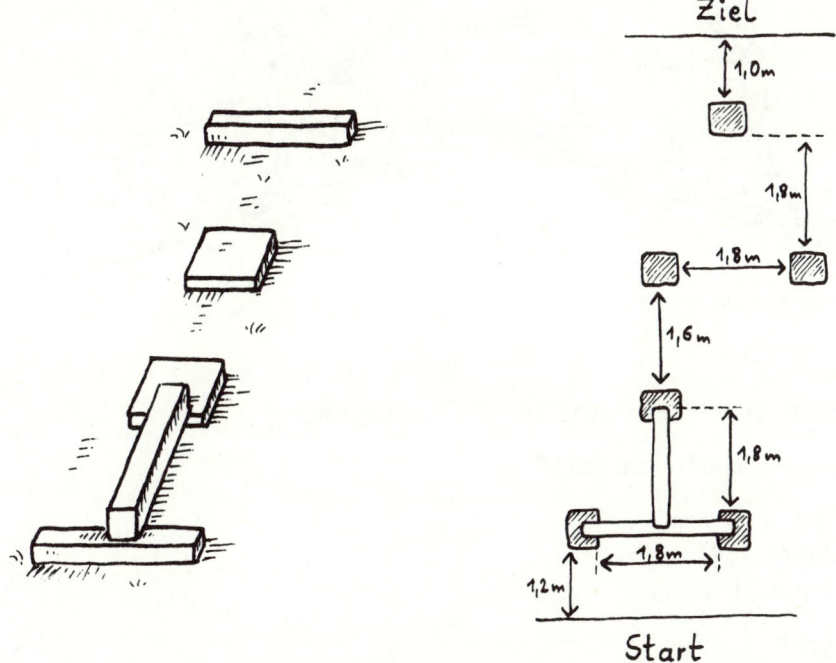

Anleitung Vor euch seht ihr einen giftigen Fluss. Die Ufer sind die beiden kurzen Balken bzw. die Markierungen. Überquert die Fläche zwischen den kurzen Balken ohne den Boden zu berühren. Auch der Laufbalken darf den Boden nicht berühren! Achtung: Es ist verboten zu springen oder große Schritte zu machen. Zur Überquerung der Zwischenräume dürft ihr nur den / die 1,5 / 1,9 Meter langen Laufbalken verwenden. Nochmals Achtung: Der Balken darf an jeder Verbindungsstelle nur ein einziges mal liegen (Gilt nicht für die Variante mit der Mittelsenkrechten!) Das heißt, wenn er einmal zwischen erster und zweiter Scheibe lag und weggenommen wurde, darf er an dieser Stelle nicht wieder verwendet werden. Setzt euch im Konsens selbst eine Zeitgrenze.

Während der Übung Bei Berührung des Bodens Zeitstrafen verhängen.

Sicherheit bei der Durchführung Keine Kletteraktionen! Kein Springen! Kein Rennen! Keine Balken werfen!

Wartung Balken auf Splitter untersuchen.

Variationen Bei mehreren Gruppen können sich die Wege kreuzen oder verschiedene Varianten aufeinander treffen.

11.9 Gratwanderung ☆☆☆

Zusammen einen schmalen Grat überwinden

Richtziele Führungs- und Motivationsfähigkeit, Zusammenarbeit

Personen Mindestens 6 bis maximal 50

Dauer   Gesamt 60 Minuten
            Übung   45 Minuten
            Debrief 15 Minuten

Zeitpunkt egal

Schwierigkeit ✳✳   körperliches Engagement ✳✳✳
                          geistiges Engagement   ✳

Benötigtes Grundmaterial sechs Geländerhandläufe je zwei Meter Länge mit Fußplatten; zwei Holzplattformen mit Kantenlänge 30 cm

Aufbauanleitung Balken irgendwie im Zickzack auslegen, Plattformen an Schnittstellen verteilen

Sicherheit beim Aufbau Die runde Seite nach oben. Absolut ebenes und rutschfestes Gelände auswählen. Die Balken müssen kippstabil und wackelfrei stehen. Im Umkreis von drei Meter um die Übung sollte sich nichts weiter befinden. Es wird dringend empfohlen, die Übung nur auf Gras durchzuführen!

Anleitung Erreicht alle das andere Ende der Balkenreihe ohne den Boden zu berühren! Wenn jemand den Boden berührt, müssen alle zurück, außer es ist schon jemand im Ziel, dann geht nur die Person zurück, die den Boden berührt hat. Zeitvorgabe ohne Planungsphase: Anzahl Personen mal 1:30 bis 2:00 Minuten.

Medizinische Hinweise Teilnehmer mit Knöchel- und Bänderverletzungen nehmen nicht teil!

Während der Übung Ab und an Ruhe reinbringen. Rennen und Springen strengstens unterbinden!

Sicherheit bei der Durchführung Keine; darauf achten, dass niemand springt oder rennt. Am Ende des Zickzacks spotten oder spotten durch Teilnehmer veranlassen, da die Leute doch immer ziemlich angesaust kommen.

Wartung Auf Splitter und Beschädigungen untersuchen

Wichtige Hinweise Die Übung kann sehr schwer und frustrierend sein, wenn man nicht zusammenarbeitet.

Schule Manche können wirklich nicht begreifen, weshalb man zusammenarbeiten muss. Es sind natürlich gerade die, die auch nicht besonders willig auf die Vorschläge ihrer Kameraden reagieren. Da hilft nur die Abordnung auf einen Beobachtungsposten, damit die anderen überhaupt in Ruhe schaffen können (andernfalls kehren sie ständig zum Start zurück). Man sollte unbedingt berücksichtigen, dass die Streit- und Feedbackkultur wenig entwickelt ist.

Raum für eigene Notizen:

11.10 Stein ☆☆

Einen schweren Stein heben

Richtziele integrative Abschlussübung, gemeinsam sind wir stärker

Personen Masse des Objektes geteilt durch 15, mindestens jedoch sechs, damit ein
Effekt eintritt. Beispiel: Stein mit 200 kg benötigt mindestens 13 Heber

Dauer Gesamt 30 Minuten
Übung   15 Minuten
Debrief 15 Minuten

Zeitpunkt eher gegen Ende

Schwierigkeit ✳✳   körperliches Engagement ✳✳✳
geistiges Engagement   Ø

Benötigtes Grundmaterial Ein Objekt zum Anheben. Das kann ein Stein oder eine Vorrichtung sein, auf der eine Person (der Chef?) sitzt. Das Objekt muss gleichmäßig über den Rand verteilte Befestigungspunkte bieten. Üblicherweise wird mit einem Traktor ein Stein von 200 bis 250 Kilogramm bereitgelegt und mit Ösen präpariert. Pro Person etwa sechs Meter Seil mit Mindestreißfestigkeit von 5 kN (≙ 500 kg) und Mindestdurchmesser zehn Millimeter. Zehn Meter Absperrband und fünf Nägel

Aufbauanleitung Objekt in die Mitte eines mit dem Absperrband markierten Bereiches legen. Seile am Objekt befestigen und die Enden außerhalb der markierten Zone ablegen. Die Befestigung sollte sich auch nach großer Krafteinwirkung wieder lösen lassen. Daher keine exotischen Knoten machen, sondern am besten Karabiner verwenden.

Im Endeffekt wird der Zonendurchmesser entsprechend der Anzahl der Leute variieren. Ziel ist, dass ein Zugwinkel von 30° zu Stande kommt.

Sicherheit beim Aufbau Ebenes, rutschfestes Gelände. Es kann beim Heben schon einmal jemand die Füße wegziehen, also ringsum scharfen Kanten entfernen, optimal ist trockener Grasboden.

Die Befestigungen müssen absolut stabil sein.

Anleitung Hebt den Stein der Weisen einen halben Meter empor! Dabei dürft ihr nicht in die verbotene Zone.

Medizinische Hinweise Teilnehmer mit Rücken- und Schulterproblemen aufpassen! Die Leute lehnen sich sehr schräg ins Seil, wer also bei einem eventuellen Umfallen Schaden nehmen könnte, nimmt nicht teil.

Während der Übung Auf Einhaltung des Zugwinkels von 30° achten. Übermut dämpfen.

Sicherheit bei der Durchführung Sicherheitsabstand halten! Keiner darf so nahe an das Objekt, dass er irgendwie mit einem Körperteil darunter kommen könnte!

Wartung Seile auf Beschädigungen prüfen und notfalls ersetzen. Ein reißendes Seil führt zu katastrophalen Verletzungen, da es wie ein Gummiband zurückschnellt.

11.11 Stepping Stones ☆☆

Auf zu wenigen Steinen über einen giftigen Fluss kommen

Richtziele Zusammenarbeit, Ideenfindung, Konsens

Personen 10 bis 19

Dauer Gesamt 45 Minuten
Übung 30 Minuten
Debrief 15 Minuten

Zeitpunkt egal

Schwierigkeit ✱✱   körperliches Engagement ✱✱
geistiges Engagement ✱✱

Benötigtes Grundmaterial Die Stones: Holzstücke von 15 x 15 x 30 cm,
Anzahl: Personen geteilt durch zwei; Start und Zielmarkierung

Aufbauanleitung Hölzer an den Start legen; Ziel ist etwa 20 Meter entfernt

Sicherheit beim Aufbau Ebenes Gelände mit festem Untergrund, damit die Stones nicht kippen. Beton ist sehr gut geeignet. Die Stones sind an den Kanten leicht gerundet und splitterfrei.

Anleitung Bewegt euch, ohne den Boden zu berühren, vom Start bis zum Ziel. Die Steine dürfen nicht geworfen werden!

Medizinische Hinweise Knöchel sind beim Kippen der Stones gefährdet. Unbedingt festes Schuhwerk tragen!

Sicherheit bei der Durchführung Notfalls spotten (im Sinne von spotting, nicht hänseln!)

Wartung Hölzer reinigen und glätten

Schule Schwierigkeiten mit Körperkontakt

11.12 Big A ☆☆

Auf einem A-förmigen Rahmen durch die Gegend balanciert werden

Richtziele Koordinieren, Strategien erarbeiten

Personen 9 bis 13

Dauer Gesamt 60 Minuten
Übung 45 Minuten
Debrief 15 Minuten

Zeitpunkt egal

Schwierigkeit ✳✳   körperliches Engagement ✳✳
geistiges Engagement ✳

Benötigtes Grundmaterial Ein „Big A", ein Helm, ein Paar Handschuhe, vier Seilstücke à sieben Meter mit mindestens 10,5 mm Durchmesser. „Big A": zwei Hölzer (Kantenlänge je 8 x 8 x 240 cm) und ein Holz (Kantenlänge 8 x 8 x 120 cm), drei Schrauben mit Muttern und U-Scheiben, zwei Boltplättchen und fünf Karabiner

Aufbauanleitung „Big A" zusammenschrauben: Der Querstrich wird in etwa 30 Zentimeter Höhe über dem Boden angebracht. An der Spitze werden die Boltplättchen mit verschraubt und dort die Karabiner mit den Seilen eingehängt.

Sicherheit beim Aufbau Schrauben nicht zu fest anziehen, da sie sonst ins Holz einschneiden. Das Gelände sollte eben und frei von Hindernissen sein.

Anleitung Eine Person stellt sich auf den Querstrich des A und jede Leine wird mit mindestens zwei Personen besetzt. Bewegt nun das A mit seinem Passagier zehn Meter von hier nach dort. Dem A darf sich keiner mehr als drei Meter nähern! Das A muss mindestens mit einem Punkt immer Erdkontakt haben, höchstens jedoch mit zweien.

Medizinische Hinweise Der Passagier sollte einen Sprung aus 30 Zentimeter Höhe verkraften können.

Während der Übung Zugucken oder mitmachen.

Sicherheit bei der Durchführung Helm- und Handschuhpflicht für den Passagier. Seile nicht um die Hände oder Finger wickeln. Seil darf keinesfalls losgelassen werden, da das A sonst umkippt.

Wartung Splitter an den Seitenbalken beseitigen.

Variationen Wettrennen mit zwei „Big A"

Wichtige Hinweise Hektik vermeiden!

Schule Das macht Spaß!

Raum für eigene Notizen:

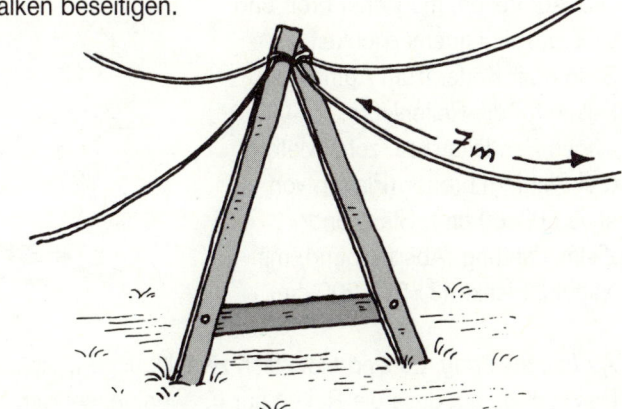

7m

11.13 Reifenpendel ☆

An hängenden Reifen und Pendelseil eine Schlucht über-queren

Richtziele Kooperation

Personen 8 bis 15

Dauer Gesamt 60 Minuten
Übung   45 Minuten
Debrief 15 Minuten

Zeitpunkt eher gegen Ende

Schwierigkeit ✳✳✳✳   körperliches Engagement ✳✳ / ✳✳✳✳
geistiges Engagement   ✳✳

Benötigtes Grundmaterial
Drei Autoreifen, möglichst groß und sauber, Aufhängemöglichkeit, Seile oder Ketten zum Aufhängen, Helme für die Reifenleute, langes Pendeltau (ca. zehn Meter), drei Plattformbretter (Platten von etwa 60 x 60 cm), Start- und Zielmarkierung (Absperrband) mit Nägeln, Planke (3 x 20 x 200 cm)

Aufbauanleitung Es sind eigentlich zwei Übungen, die nebeneinander aufgebaut werden. Das liegt daran, dass die Reifen nur für wenige, sehr kräftige Naturen machbar sind.

Reifen: Suche einen Baum / Bäume oder ein Gerüst, an dem die Reifen aufgehängt werden können. Reifenmittelpunkt etwa in 1,60 bis 1,70 Meter Höhe, Ketten- oder Seillänge ca. zwei Meter, damit der Reifen pendeln kann. Abstand vom ersten zum zweiten ca. 1,20 Meter, vom zweitem zum dritten ca. 1,60 Meter. Startlinie ist so weit vom ersten Reifen entfernt, dass man diesen gerade noch so erwischt, Ziellinie ca. 1 Meter vom dritten Reifen entfernt.

Pendel: von der Startlinie bis zur ersten Plattform ca. sechs Meter Distanz, zweite Plattform ca. 0,5 Meter hinter der ersten, dritte ein Meter neben der ersten und Ziellinie ca. 1,90 Meter hinter der zweiten.

Zwischen Start und erster Plattform hängt das Pendeltau. Dieses haltend und daran schwingend, muss es eine reelle Chance geben, die erste Plattform zu erreichen. Die Planke liegt in der Nähe der zweiten Platte.

Sicherheit beim Aufbau Befestigungen von Seil und Reifen müssen absolut stabil sein, Mindesttragkraft 300 Kilogramm. Ebenes Gelände, keine scharfen Kanten, Pendeltau, Mindestdurchmesser vier Zentimeter.

Anleitung Bewegt euch vom Start zum Ziel. Regel: Der Boden darf nicht berührt werden. Nach Benutzung der Planke darf nicht mehr gependelt werden. Die Reifenschwinger tragen Helme!

Medizinische Hinweise Pendel: Keine. Reifen: sehr anstrengend für Hände und Schultern!

Während der Übung Spotten bei den Reifen.

Sicherheit bei der Durchführung An den Reifen, am Pendel und an der Plattform unbedingt sichern.

Wartung Seile auf Scheuerstellen untersuchen und gegebenenfalls ersetzen.

Variationen Diverse Regeln, um die Leute auf Pendel oder Reifen zu verteilen. Reifen und Pendel trennen. Reifenkette verlängern.

Wichtige Hinweise Mit kurzen Hosen sind die Reifen ziemlich unangenehm! Hier die Auflösung: Person eins geht an den ersten Reifen und schaukelt zum zweiten. Dort steckt sie die Füße durch, sodass sie mit den Fußsohlen Richtung Start und dem Kopf nach unten hängt. Person zwei hält sich an Reifen eins fest und pendelt mit den Füßen voran in Richtung zwei. Durch einen kräftigen Tritt an zwei wird dieser in Schwung versetzt, bis Person eins Reifen drei zu fassen kriegt. Person eins hält nun Reifen zwei und drei fest, bis Person zwei auf eins sitzt. Dann gibt zwei dem Reifen zwei Schwung, bis eins ihn erwischt, zwei geht auf Reifen zwei und Person eins pendelt ihr den Reifen drei entgegen. Natürlich kann man auch beides getrennt machen, aber die Reifen sind so anstrengend, dass nur wenige da diese Übung erfolgreich absolvieren. Das Pendel ist relativ harmlos, so dass es alleine fast ein wenig langweilig wird.

Schule Wer seine Klasse manchmal affig findet wird sich bestätigt fühlen. Ein Tarzanspiel für echte Männer.

11.14 Mission ☆☆

Aus einer verbotenen Zone etwas angeln – ohne Angel

Richtziele Führen und geführt werden, bei Variante: arbeiten unter Stress

Personen 12 bis 30

Dauer Gesamt 35 Minuten
Übung   30 Minuten
Debrief   5 Minuten

Zeitpunkt eher gegen Ende

Schwierigkeit ✳   körperliches Engagement Ø
geistiges Engagement ✳

Benötigtes Grundmaterial Zwölf Meter Absperrband; zwölf Nägel; Hammer; ein Stück Fallrohr (ø 100 mm) Länge 40 cm, unten verschlossen; ein sehr stabiler Gummiring, der sich mit der Kraft von fünf bis sechs Personen auf 200 mm Durchmesser weiten lässt und danach das Rohr einklemmt. Einen Siegerpreis im Rohr; Augenbinden für zwei Drittel der Personen; vier Meter lange Schnüre für zwei Drittel der Personen; Brillenschale

Aufbauanleitung Mit dem Absperrband einen Kreis abstecken. In das Zentrum des Kreises das gefüllte Rohr stellen. Die Schnüre gleichmäßig verteilt um den Gummiring knoten; Tücher und Brillenschale zurechtlegen.

Sicherheit beim Aufbau Das Gelände sollte eben sein.

Anleitung Ein Teil von euch wird jetzt zu Führungskräften. Jeder Führungskraft sind zwei Arbeiter unterstellt. Da die Arbeiter die großen geschäftlichen Zusammenhänge nicht überblicken können, sind sie blind. Beide Parteien dürfen jedoch miteinander reden. Die Führungskräfte dürfen sich an der Arbeit nicht beteiligen. Bergt das Objekt aus dem Kreis vor euch, ohne den Boden im Kreis zu berühren.

Wartung Gummiring auf Beschädigungen untersuchen.

Variationen Schnüre und Gummiring lose hinwerfen, so viel Zeit zum Planen und bauen geben wie sie wollen; sobald jemand oder die Ausrüstung in den abgesperrten Bereich kommt, sind alle bis auf die Führungskräfte blind und die Übungszeit beträgt nur noch zehn Minuten. Bei Bodenberührung mit der Ausrüstung eine Minute Strafe!

Wichtige Hinweise Diese Übung ist eine integrative Abschlussübung und als solche kann man den Transfer ziehen – muss man aber nicht.

Raum für eigene Notizen:

11.15   Hard Mission ☆☆

Bevor man einen Gegenstand angeln kann, sollte erst eine Bombe beiseite geschafft werden

Richtziele Arbeiten unter Stress, Koordination

Personen 12 bis 30

Dauer Gesamt 50 Minuten
Übung   35 Minuten
Debrief 15 Minuten

Zeitpunkt eher in der Mitte

Schwierigkeit ✳✳   körperliches Engagement   Ø
geistiges Engagement   ✳✳

Benötigtes Grundmaterial 19 Meter Absperrband; zwölf Nägel; Hammer; ein Stück Fallrohr (ø 100 mm), Länge 40 cm, unten verschlossen; ein sehr stabiler Gummiring, der sich mit der Kraft von fünf bis sechs Personen auf 200 mm Durchmesser weiten lässt und danach das Rohr einklemmt. Eine vier Meter lange Schnur pro Person, eine Spezialzange, eine leere Farbdose mit angeklebtem Henkel, ein Pappbecher, vier Kubikzentimeter Karbid

Benötigtes Verschleißmaterial
vier Kubikzentimeter Karbid,
ein Pappbecher Wasser

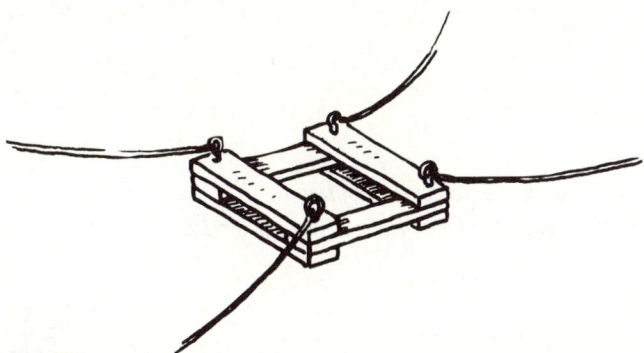

Aufbauanleitung Mit dem Absperrband einen Kreis (sechs Meter Durchmesser) abstecken. In das Zentrum des Kreises das gefüllte Rohr, auf das Rohr die Farbdose stellen. Diese wird als Bombe präpariert: Karbid einfüllen, Pappbecher mit Wasser in die Mitte stellen. Den Deckel vorsichtig aufsetzen. Zwei Henkel zum Sichern des Deckels über kreuz anbringen. Siehe auch bei Übung „Bombe". Den Rest außerhalb des Kreises gut sichtbar lagern.

Sicherheit beim Aufbau Das Gelände sollte eben sein.

Anleitung. Bergt das Objekt aus dem Kreis vor euch, ohne den Boden im Kreis zu berühren. Ihr habt Zeit zum Planen, so lange ihr wollt. Sobald aber jemand das Material berührt, verbleiben euch noch 13 Minuten, um das Rohr zu bergen. Auf dem Rohr steht eine Bombe. Diese explodiert, wenn sie ruckartig bewegt oder gekippt wird. Die Bombe darf keinesfalls explodieren und muss im Kreis verbleiben!

Während der Übung. Bei zu viel Aktionismus bremsen.

Sicherheit bei der Durchführung Achtung: Bombe darf sich nie auf unter zwei Meter Personen nähern!

Wartung Gummiband auf Beschädigungen überprüfen. Farbdose peinlichst genau reinigen.

Raum für eigene Notizen:

11.16 Flying Egg ☆☆

*Ein Ei vor dem Zerbrechen schützen,
welches aus zehn Meter Höhe auf den Beton fällt*

Richtziele Kreativität, Zusammenarbeit

Personen drei bis fünf

Dauer   Gesamt 75 Minuten
              Übung   60 Minuten
              Debrief 15 Minuten

Zeitpunkt egal

Schwierigkeit ✳✳
körperliches Engagement   Ø
geistiges Engagement   ✳✳

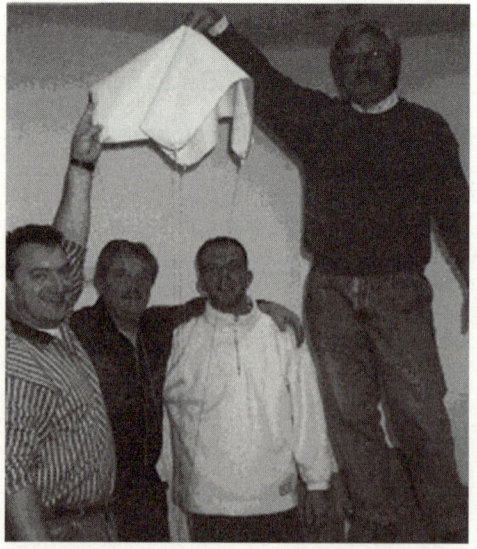

Benötigtes Grundmaterial Schere; einen Ort, von dem aus man das Ei aus etwa 8 bis 15 Meter Höhe auf den Boden fallen lassen kann.

Benötigtes Verschleißmaterial Ein Bogen Flipchartpapier (leicht) oder Kreppapier (schwerer); 30 Meter Bindfaden; eine Rolle Klebeband; zwei Luftballons; ein rohes Ei

Aufbauanleitung Alles auf einen Haufen legen.

Anleitung Dieses rohe Ei wird in genau 50 Minuten aus zehn Meter Höhe auf den Boden geworfen. Baut mit dem vorhandenen Material eine Vorrichtung, die das Zerbrechen des Eies verhindert.

Sicherheit bei der Durchführung Beim Runterwerfen darauf achten, dass niemand im Wurfbereich steht.

Wartung Materialien nachkaufen.

Wichtige Hinweise Das rohe Ei am besten erst vor der Übung besorgen – sofern dies möglich ist.

Schule Die bei den Schülern beliebteste Übung.

Raum für eigene Notizen:

11.17   Schleuder ☆☆

Mit ungeeigneten Utensilien
eine Wurfmaschine bauen

Richtziele Zusammenarbeit, Ideen entwickeln und austauschen

Personen vier bis sieben

Dauer Gesamt 60 Minuten
Übung 45 Minuten
Debrief 15 Minuten

Zeitpunkt egal

Schwierigkeit ✳
körperliches Engagement Ø
geistiges Engagement ✳✳

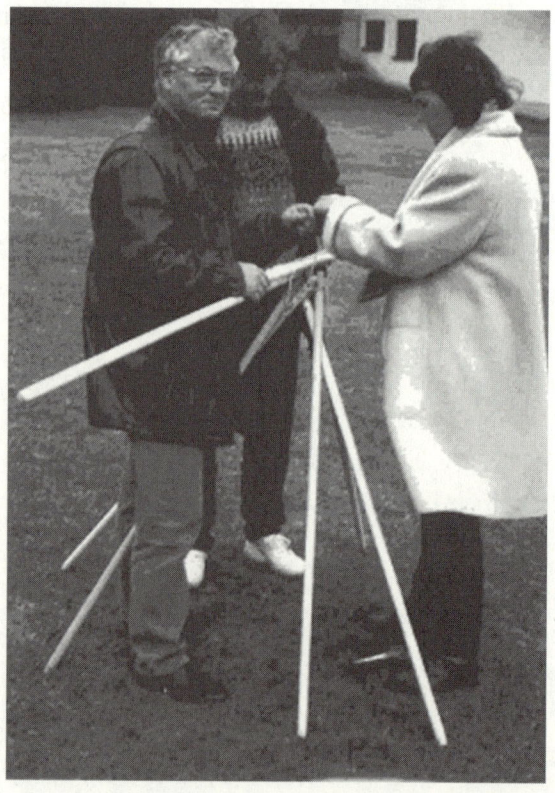

Benötigtes Grundmaterial Zwei Hölzer 1,2 Meter; ein Holz mit 1,7 Meter Länge jeweils Mindestdurchmesser drei Zentimeter; ein Körbchen (Wischmob-Ausdrücker für einen Wassereimer); ein Geschoss (Tennisball); sechs Seilstücke à ein Meter (Durchmesser drei bis vier Millimeter); ein Gummiband mit zwei Meter Länge; zwei Ziegelsteine

Benötigtes Verschleißmaterial Ein Meter stabile Schnur

Aufbauanleitung Lege alles auf einen Haufen.

Anleitung Baut aus dem Material eine Schleuder und schießt das Geschoss so weit wie möglich! (≙ das Produkt oder die Dienstleistung so weit es geht im Markt platzieren) Zeit: 45 Minuten. Die ersten zehn Minuten dürft ihr die Ausrüstung noch nicht berühren! Die Konstruktion muss transportabel sein (also nicht eingraben) und von selbst stehen und schießen (Abschusskraft darf also nicht von euch erzeugt werden), ihr dürft lediglich den Schuss auslösen. Für jedes nicht benutzte Teil (geschonte Ressource) bekommt ihr einen Meter gutgeschrieben.

Sicherheit bei der Durchführung In Schussrichtung sollte nichts sein, was irgendwie kaputtgehen kann (Autos, Scheiben, Personen o. Ä.).

Wartung Schnur ersetzen, Hölzer auf Bruch und Splitter untersuchen.

Wichtige Hinweise Manche Schleudern schießen bis zu 40 Meter weit!

Schule Die Einfallslosigkeit mündet schnell in Frust.

Raum für eigene Notizen:

11.18 Schiffe versenken ☆

Gemeinsam ein Minenfeld durchqueren

Richtziele Abstimmen, Problemlösung

Personen 7 bis 13

Dauer Gesamt 45 Minuten
Übung 30 Minuten
Debrief 15 Minuten

Zeitpunkt egal

Schwierigkeit ✳✳
körperliches Engagement Ø
geistiges Engagement ✳✳

Benötigtes Grundmaterial Matte (15 bis 24 Quadratmeter) mit gut sichtbarem Raster (Rastergröße 50 x 50 cm); Zettel und Stift

Benötigtes Verschleißmaterial Ein Blatt Papier

Aufbauanleitung Matte faltenfrei so positionieren, dass ringsherum noch mindestens zwei Meter Platz bleiben. Einen Weg überlegen und auf dem Papier aufmalen, zu späteren Kontrollzwecken.

Sicherheit beim Aufbau Ebener, trockener, rutschfester Untergrund. Ringsherum keine Stolperfallen.

Anleitung Findet einen Weg von einer Stirnseite zur anderen. Dabei darf sich immer nur eine Person auf der Matte befinden. Der Weg ist vermint und es gibt nur eine Möglichkeit, über angrenzende Felder nach drüben zu kommen. Tritt jemand auf ein vermintes Feld, so muss er zurück. Danach darf weiter probiert werden. Macht ihr allerdings zweimal denselben Fehler, das heißt, ihr tretet auf ein Feld, welches euch als vermint bekannt ist, dann muss eine Person, die schon drüben war, ebenfalls zurück. Ein Feld im Inneren der Matte hat übrigens acht angrenzende Felder. Ihr dürft keine schriftlichen Aufzeichnungen machen.

Während der Übung Wenn es zu hektisch wird: Eure Telefonanlage ist ausgefallen, ihr könnt nicht mehr kommunizieren, Stille bitte, es geht schweigend weiter. Der Trainer muss natürlich seine Matrix ausfüllen, damit er weiß, ob der Weg stimmt, und welche Felder schon probiert wurden.

Wartung Ab und an die Matrix prüfen (ob sie noch gut lesbar ist). Folie nur trocken zusammenlegen (Schimmelgefahr)!

Variationen Gruppe teilen und von zwei Seiten auf demselben Weg aufeinander zu-arbeiten lassen (quasi ein Seitenwechsel). Gruppe eins für Fehler bestrafen, die Gruppe zwei auf deren Gebiet verursacht.

Schule Zu wenig Aktion.

Raum für eigene Notizen:

11.19   Riesentangram ☆☆☆

*Das Tangram aus der
Spielzeugkiste,
nur viiieeeel größer*

Richtziele   Visionen entwickeln und kommunizieren

Personen   drei bis fünf

Dauer   Gesamt 60 Minuten
          Übung   40 Minuten
          Debrief 20 Minuten

Zeitpunkt   später

Schwierigkeit ✳✳   körperliches Engagement   Ø
                            geistiges Engagement   ✳✳✳

Benötigtes Grundmaterial Ein Riesentangramsatz aus Holz oder fester Pappe

Aufbauanleitung Alles so drapieren, dass man es zwar sehen kann, aber die Relationen unklar bleiben (schräg an die Wand lehnen).

Anleitung Baut aus den vorhandenen Teilen ein nahtloses, exaktes Quadrat. Es müssen alle Teile verwendet werden und sie dürfen nicht übereinander liegen. Es sind keine schriftlichen Aufzeichnungen erlaubt. Ihr dürft fünf Minuten planen, ohne die Ausrüstung zu berühren. Danach müsst ihr in zehn Minuten fertig sein.

Jetzt ein gleichschenkliges, rechtwinkliges Dreieck. Zum Schluss ein Parallelogramm mit einem parallelogrammförmigen Loch in der Mitte. Wenn die Gruppe eher fertig ist, wird die Zeit gutgeschrieben und bei der nächsten Figur dazugenommen. Achtung: vor jeder neuen Figur wieder fünf Minuten planen ohne anfassen!

Während der Übung Nichts zu tun! Beachte die Strukturen der Kommunikation und der Problemlösung. Eventuell nimmst du auch den Teambeobachtungsbogen zur Hand und füllst ihn einfach aus. Wichtig: Wie werden Ideen kommuniziert? Wie werden Anregungen aufgenommen?

Wartung Teile säubern und trocknen

Wichtige Hinweise Funktioniert nur, wenn kein passionierter Tangramspieler dabei ist! Im Zweifelsfall, diesen stumm machen (Tuch um den Mund).

Schule Zu kompliziert in Durchführung und Transfer

Raum für eigene Notizen:

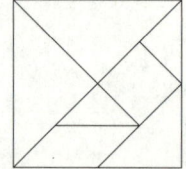
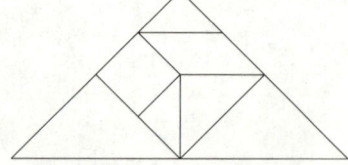

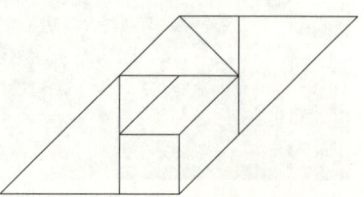

11.20 Kreispuzzle ☆

Ein großes Puzzle legen

Richtziele Ideen kommunizieren, Zusammenarbeit

Personen drei bis fünf

Dauer Gesamt 30 Minuten
Übung   20 Minuten
Debrief 10 Minuten

Zeitpunkt später

Schwierigkeit ✳   körperliches Engagement Ø
geistiges Engagement ✳✳

Benötigtes Grundmaterial Ein Kreispuzzle aus Holz oder fester Pappe

Aufbauanleitung Alles so drapieren, dass man es zwar sehen kann, aber die Relationen unklar bleiben (schräg an die Wand lehnen).

Anleitung Baut aus den vorhandenen Teilen einen nahtlosen, exakten Kreis. Es müssen alle Teile verwendet werden und sie dürfen nicht übereinander liegen. Es sind keine schriftlichen Aufzeichnungen erlaubt. Ihr dürft zehn Minuten planen, ohne die Ausrüstung zu berühren. Danach müsst ihr in zehn Minuten fertig sein.

Während der Übung Nichts zu tun! Beachte die Strukturen der Kommunikation und der Problemlösung. Wichtig: Wie werden Ideen kommuniziert? Wie werden Anregungen aufgenommen?

Wartung Teile säubern und trocknen

Schule Was lange währt, wird gut.

Raum für eigene Notizen:

11.21 Vertrauensfall ✰✰✰

Rückwärts, aus 1,60 Meter Höhe in die Hände des Teams fallen

Richtziele Vertrauen geben und annehmen

Personen Mindestens (!) 12 bis 23

Dauer Gesamt 90 Minuten
Übung 60 Minuten
Debrief 30 Minuten

Zeitpunkt eher in der Mitte

Schwierigkeit ✳✳✳
körperliches Engagement ✳✳✳
geistiges Engagement ✳✳✳

Benötigtes Grundmaterial Ein Vertrauensfall (fünfstufige Treppe, die in etwa 160 Zentimeter Höhe endet. Die letzte Stufe sollte 40 Zentimeter lang sein. Gesamtbreite der Treppe: etwa 1 Meter.) Dieser Aufbau muss so stabil sein, das zwei Personen sicher und ohne Schwingungen darauf stehen können. Verschiedentlich wird diese Übung auch mit Leitern oder Tischen durchgeführt, allerdings ist der Effekt hier geringer und gerade bei der Leitermethode kommt schnell Wettkampf und Gruppendruck ins Spiel.

Aufbauanleitung Vertrauensfall stabil und wackelfrei auf einem rundum freien Platz errichten. Dies dauert je nach Modell bis zu 20 Minuten.

Sicherheit beim Aufbau Der Platz für die Fänger muss eben, frei von Stolperfallen und rutschfest sein. Es dürfen keine Kanten, Bordsteine oder ähnliches in der Nähe sein. Der Vertrauensfall muss stabil und ohne zu kippen stehen. Der Vertrauensfall darf keine scharfen Kanten o. Ä. aufweisen.

Anleitung Diese Übung hat viel mit Vertrauen zu tun, Vertrauen geben und Vertrauen annehmen. Sie ist absolut freiwillig. Es wird nie gefragt: „Wer hat noch nicht?", sondern stets: „Möchte noch jemand probieren?" Uhren und Ringe sind abzunehmen. Der Ablauf ist einfach: Wer Fallen möchte, geht mit dem Trainer auf den Vertrauensfall, bis zur vorletzten Stufe. Von da aus sieht er sich die Fänger an und dirigiert so lange, bis er sich sicher fühlt. Die Fänger stehen dachschindelartig versetzt, kleinere vorn. An jeder der drei offenen Seiten steht eine Seitenstütze, die das Auseinanderbrechen der Gruppe beim Fangen verhindert.

Eine Person aus der Gruppe gibt Kommandos, die von der Gruppe laut und deutlich bestätigt werden.

„Aufstellung!" Die Gruppe ordnet sich vor dem Vertrauensfall an, die Seitenstützen nehmen ihre Position ein. Alle haben leichte Schrittstellung.

„Seitenstützen!" Die Seitenstützen schieben mit den Armen an den Hüften der Fänger die Gruppe dicht zusammen. Das Kommando ist von der Gruppe laut und deutlich zu bestätigen, um dem „Faller" zu zeigen, dass alle konzentriert hinter ihm stehen.

„Arme hoch!" Die Fänger heben beide Arme über den Kopf, Finger nach hinten ausgestreckt. Auch dieses Kommando ist nach Ausführung zu bestätigen!

„Ellenbogen!" Der Federweg wird geprobt. Die Arme müssen wie Stoßdämpfer Platz zum Federn haben und dürfen niemandes Schulter oder Gesicht verletzen. Bei Kollisionen leicht drehen. Nach ordnungsgemäßer Ausführung bestätigen!

Der Fallende steigt nun auf die oberste Stufe, dreht den Rücken zur Gruppe, Fersen an die Kante, absolut gerade und gespannte Haltung. Die eine Hand greift hinter dem Kopf den Ellenbogen des anderen, gerade nach oben gestreckten Armes.

Der Fallende fragt: „Seid ihr bereit?" Wenn die Gruppe noch in Stellung steht, wird dies bestätigt mit: „Wir sind bereit!"

„Ich möchte fallen!" – „Lass dich fallen <Name>!"

Die Person wird aufgefangen, auf Hüfthöhe abgelassen und so lange gewiegt (nicht geschaukelt!) wie sie möchte. Dabei herrscht absolute Ruhe. Danach wird die Person sanft (!) auf den Boden gestellt. Dabei darauf achten, dass genügend Entfernung zur Oberkante des Gerätes besteht. Beim Wiegen ist der Kopf zu stützen. Eventuell ist es für euch eine Hilfe, wenn ihr den Fallenden als euren Kunden seht, der eben dabei ist, einen tollen, teuren und wichtigen Abschluss zu tätigen. Klar, dass ein Verkauf nicht an der Ladentüre endet, sondern dass man auch noch weiterhin Support und Service leisten muss. Bedenkt immer: Es ist der falsche Weg zu fragen: „Wer hat noch nicht gekauft?" Der Schlüssel zum Erfolg liegt im Vertrauen und in eurer Vorbildrolle. Wenn ihr ein paar „dicke" Abschlüsse gemacht habt und damit bewiesen ist, dass ihr das in euch gesetzte

Vertrauen vollkommen erfüllt, dann und erst dann kommen auch die Leute, die anfangs vielleicht gar nichts kaufen wollten.

Auf weiches Fangen achten (Knie federn mit, ausatmen). Erst beginnen, wenn die „Trockenübung" reibungslos funktioniert. Eine leichte Person beginnt. Darauf achten, dass die Gruppe wirklich in idealer Fangposition steht. Denn dies können nicht alle Personen von oben hundertprozentig beurteilen. Auf Betriebsblindheit und Nachlässigkeit durch Routine achten. Das Vertrauen resultiert aus den Kommandos. Daher dafür sorgen, dass diese laut und klar und wie aus einem Munde kommen!

Zusammenfassung der Kommandos:
Moderator aus der Gruppe (M): „Aufstellung!"
M: „Seitenstützen!" Gruppe (G): „Seitenstützen ok!"
M: „Arme hoch!" G: „Arme oben!"
M: „Ellenbogen!" G: „Ellenbogen ok!"
Faller (F): „Seid ihr bereit?" G: „Wir sind bereit!"
F: „Ich möchte fallen!" G: „Lass die fallen <Name>!"

Zusammenfassung der Aktivitäten:
1. Person zur vorletzten Stufe führen
2. Gruppe formieren (schindelartig aufstellen, seitlich komprimieren, Arme hoch und Federweg testen, Arme oben lassen)
3. Faller nach oben begleiten, drehen und in Fallstellung (Arm hinter dem Kopf) bringen, Faller noch leicht festhalten! Darauf achten, dass die Gruppe noch in Fangbereitschaft ist!
4. Fallen und auffangen
5. Sanft wiegen
6. Sanft abstellen

Medizinische Hinweise Fallende dürfen keine Probleme mit dem Rücken haben. Fänger dürfen keine Probleme mit Rücken, Schultern oder Ellenbogen haben. Beim geringsten Verdacht auf Rückenprobleme (Bandscheiben) gilt striktes Teilnahmeverbot!

Während der Übung Anfangs werden die Leute einknicken, dies ist ein Zeichen von mangelndem Vertrauen und ist zu thematisieren. Im Regelfall hängt das mit Neckereien und dummen Scherzen aus der Gruppe zusammen. Hier ist von Anfang an hart (!) durchzugreifen. Jeder dumme Spruch, jede unüberlegte Bemerkung wird Menschen darin bestärken, die Sache sein zu lassen, um ihr Gesicht zu wahren. Menschen, die leichte Rückenschwierigkeiten haben, warten bis sich die Gruppe eingespielt hat. Es ist ständig an der Fangtechnik zu arbeiten. Dem Fallenden sind die Kommandos zu soufflieren. Dabei eine Hand immer an der Hüfte lassen, damit er nicht vorher abkippt. Darauf achten, dass die Person wirklich angespannt da steht. Es gibt ebenso wenig schlechte Faller, wie es Kunden gibt, die „schlecht" kaufen. In diesem Fall besteht immer ein Vertrauensproblem. Dieses ständig thematisieren und für eigenverantwortliche kontinuierliche Veränderungsprozesse sorgen.

Sicherheit bei der Durchführung Beim Aufstellen: Kleinere nach vorn, Größere nach hinten, Kranke nach außen oder als Seitenstützen. Finger dürfen nicht nach oben zeigen, sondern sollen nach hinten gebogen sein. Auf stabilen Stand und versetzte Fußstellung achten. Beim Fallenden: Spitze, kantige und schwere Gegenstände aus den Taschen nehmen. Dicke Uhren und Ringe ablegen. Person sanft führen und erst im Fall freigeben. Allgemein: Bei Konzentrationsschwächen oder Witzeleien der Fänger stoppen. Nach jedem Fang nach Verbesserungen suchen: weicher fangen, länger wiegen, still sein, klare Kommandos und rasche Ausführung etc.

Wartung Vertrauensfall auf Beschädigungen und Splitter untersuchen

Wichtige Hinweise Kein Zwang, kein Druck, kein Spott. Bei dieser Übungen können Emotionen freigesetzt werden. Der Trainer muss stets in der Lage sein, diese aufzufangen! Bevor man den Vertrauensfall selbst durchführt, sollte man Assistent gewesen sein und ein Sicherheitstraining absolviert haben. Es gibt jede Menge Interventionsmöglichkeiten, die hier nicht alle aufgezählt werden können. Der Vertrauensfall ist eine sehr anspruchsvolle und sehr gefährliche Übung! Es ist schon vorgekommen, dass die fallende Person den Trainer mit sich gerissen hat. Neuerdings werden sogar Vertrauensfälle mit einseitigem Geländer angeboten: Empfehlenswert!

Diese Übung unterliegt gewissen Festigkeitskriterien! Die Auslegung und Berechnung verlangt prinzipiell Ingenieurwissen. Diese Übung kann die Gesundheit der Teilnehmer gefährden und sollte nur von dazu ausgebildeten Trainern durchgeführt werden!

Schule Je größer die Klappe, desto voller die Hosen. Handys vorher aus den Taschen nehmen.

11.22 Spinne ☆☆☆

Ohne Berührung durch ein Netz gelangen

Richtziele Kontinuierlichen Veränderungsprozess einführen, Kundenorientierung

Personen acht – unendlich viele, abhängig von der Größe des oder der Netze

Dauer   Gesamt 100 Minuten
             Übung   70 Minuten
             Debrief   30 Minuten

Zeitpunkt mittel, keinesfalls als Abschlussübung

Schwierigkeit ✶✶✶   körperliches Engagement   ✶✶✶
                           geistiges Engagement   ✶✶✶

Benötigtes Grundmaterial Ein Spinnennetz (pro Person ein Loch, im Notfall zwei Personen durch ein Loch; das Netz sollte in der unteren Reihe zwei Löcher haben, durch die man ohne Hilfe steigen kann (Erster und Letzter) ein Teil der Löcher sollte schwer ein. Ein verstellbares Netz ist von Vorteil; zwei Spanngurte; vier Seilstücke; zwei Augenbinden. Es gibt sowohl Spinnennetze, die man zwischen Bäume spannen kann, als auch welche für Indoor. Letztere stehen frei in einem Holzrahmen und können daher maximal etwa fünf bis sechs Meter breit sein. Das entspricht etwa 10 bis 15 Löchern. Bei großen Personenzahlen kann man hier zwei Personen pro Loch zulassen.

Benötigtes Verschleißmaterial Klebeband

Aufbauanleitung Spinnennetz zwischen zwei Bäume hängen, Unterkante etwa 5 bis 20 Zentimeter über dem Erdboden

Sicherheit beim Aufbau Das Netz darf keinerlei Draht oder ähnliche Materialien enthalten. Es muss sicher befestigt sein. Es ist auf ebenen, rutschfesten und sauberen Untergrund ohne Stolperfallen zu achten. Da die Personen mit den Händen auf dem Boden ihr Körpergewicht tragen müssen, muss der Boden frei von Verletzungsmöglichkeiten und scharfen Gegenständen (spitze Kiesel o. Ä.) sein. Bei Sonneneinstrahlung darf sich der Untergrund nicht aufheizen. Es dürfen keine Äste o. Ä. in den Übungsbereich ragen.

Anleitung Die Gruppe steht hinter dem Netz, die Trainer davor. Aufgabe: Die Gruppe durchquert das Netz. Das Netz ist der Markt, die Gruppe ist die Firma und die durchgereichten Personen sind verkaufte Produkte. Die Trainer sind die Kunden – mit allen ihren Vorzügen und Nachteilen. So kann der Kunde belohnen oder strafen, helfen oder boykottieren. Die Marktbedingungen: Jedes Loch darf nur einmal (je nach Personenzahl auch zweimal) benutzt werden, danach wird es geschlossen (mit Klebeband markieren). Die Person und die Helfer dürfen das Netz zu keiner Zeit berühren (auch nicht mit Schnürsenkeln oder Haaren). Wird das Netz dennoch berührt und die Gruppe bemerkt dies selbst, so geht die Person zurück, die gerade durch wollte sowie eine weitere Person. Bemerkt die Gruppe ihren Fehler nicht oder versucht ihn zu vertuschen, so gehen zwei Personen plus die durchgereichte zurück.

Regeln Keine Sprung- oder Hechtrollen. Alle Löcher über der untersten Reihe dürfen nur benutzt werden, wenn mindestens noch drei Personen auf einer Seite sind. Bei der Person, die durchgereicht wird darauf achten, dass der Rücken immer gestützt und der Kopf gehalten wird. Person sanft auf den Boden stellen. Ihr habt ab jetzt 50 Minuten Zeit, das Netz zu durchqueren.

Medizinische Hinweise Durchgereichte dürfen keine Probleme mit dem Rücken haben. Träger dürfen keine Probleme mit Rücken, Schultern oder Ellenbogen haben. Beim geringsten Verdacht auf Rückenprobleme (Bandscheiben) gilt striktes Teilnahmeverbot! Vorsicht beim Heben!

Während der Übung Anfänglich die Regeln etwas großzügig auslegen, schließlich ist das Ganze ein Prozess. Kontinuierliche Veränderungsprozesse in Gang bringen, Ziel ist eine Qualitätskontrolle, die die Qualitätskontrolle kontrolliert. Wenn Boshaftigkeit oder Trial-and-Error-Mentalität aufkommen, in die Rolle des Kunden schlüpfen und strafen: Löcher schließen, Einzelpersonen, die sich gegen alle Regeln der Kundenorientierung benehmen, blind machen oder zusammenbinden. Betrug ahnden und immer auf die betriebliche Situation verweisen. Bei guter Arbeit belohnen: Löcher öffnen, Löcher größer machen. Faustregel: Egal wie lange die Übungszeit angesetzt ist, es dauert immer länger. Deshalb sind 20 Pufferminuten vorhanden, um bei letztendlich guter Arbeit zu verlängern. Über die Verlängerung sollte jedoch mit den Teilnehmern im Konsens entschieden werden.

Sicherheit bei der Durchführung Darauf achten, dass die Personen beim Durchreichen immer gestützt und anschließend sanft abgestellt werden. Bei den ersten Personen so mit sichern, dass ein Sturz oder ein Wegrutschen beim Durchgang folgenlos bleibt. Bei schwergewichtigen Hebeaktionen mit anpacken.

Wichtige Hinweise Bei dieser Übung können Emotionen freigesetzt werden. Der Trainer muss stets in der Lage sein, diese aufzufangen. Besonders bei zu kundenartigem Benehmen des Trainers können die Teilnehmer die Sache persönlich nehmen. Behutsamkeit ist angesagt. Bevor man die Spinne selbst durchführt, sollte man bereits einmal Assistent gewesen sein. Es gibt jede Menge Interventionsmöglichkeiten, die hier allerdings nicht alle aufgezählt werden können.

Wartung Klebeband aus dem Netz entfernen

Diese Übung kann die Gesundheit der Teilnehmer gefährden und sollte nur von ausge-bildeten Trainern durchgeführt werden!

Richtig interessant wird die Spinne mit großen Gruppen und mehreren im Karree ange-ordneten Netzen. Dann kommt ganz neues Konfliktpotenzial auf und die Übung eignet sich hervorragend zur Spiegelung der Situation zwischen den Abteilungen.

Variationen Ein Karree aus Netzen bauen und die Leute ausbrechen lassen (Eroberung des Marktes)

Schule Regeln sollten sehr locker ausgelegt werden. Jugendliche sind kaum in der Lage, sich so komplex zu organisieren. Sie geben daher schnell auf. Schickt man bei jeder Be-rührung regelgemäß Leute zurück, dann kann man drei Wochen mit der Übung zubringen.

Raum für eigene Notizen:

11.23 Bombe ✰✰✰

*Eine empfindliche
Bombe bergen*

Richtziele 95 %-Syndrom, Ideen entwickeln und umsetzen

Personen fünf bis neun Personen pro Bombe

Dauer Gesamt 90 Minuten
Übung 65 Minuten
Debrief 25 Minuten

Zeitpunkt mittel

Schwierigkeit ✳✳✳ körperliches Engagement ✳✳✳
geistiges Engagement ✳✳✳

Benötigtes Grundmaterial Rahmen, bestehend aus: elf bis zwölf Glasfiberstäben mit 1,60 Meter Länge; ein Absperrband (29 Meter für Gelände und Entschärfungsstelle); vier lange Nägel um die Entschärfungsstelle auf dem Boden zu fixieren; ein Hammer; 30 Meter Faden; zwei Muttern M 18 bis M 30; ein großer krummer Nagel; ein Spiegel (30 x 30 cm); Bombe, bestehend aus: einer Farbdose mit Deckel und angeklebtem Drahtbügel/Gummibügel; vier Autoreifen

Benötigtes Verschleißmaterial ein Pappbecher; drei Kubikzentimeter Karbid (Calcium-carbonat); eine gefüllte Wasserflasche

Aufbauanleitung Bombengestell errichten: Stäbe einschlagen, Geländer spannen, Entschärfungsstelle etwa einen Meter entfernt vom Kreis anordnen, Reifenturm in die Mitte stellen; Farbdose mit Henkel versehen.

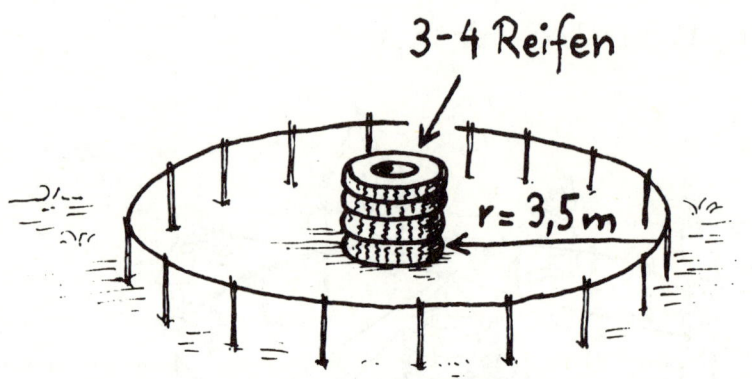

Zerkleinertes Karbid (Staub bis halbe Erbsengröße) in die Dose geben;
mit Wasser gefüllten Becher (ein Zentimeter unter dem Rand) in die Dose stellen;
Deckel fest aufdrücken; Becher VORSICHTIG in Mitte der Tonne stellen;
Deckel schließen oder eine Pappe auf die Reifen
legen.

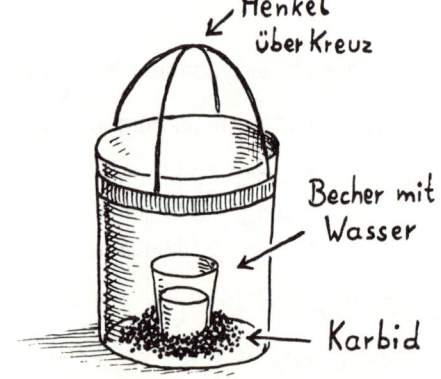

An die Absperrung legen:
30 Meter Faden; zwei Muttern M 18 – M 30;
ein großer krummer Nagel, ein Spiegel

Sicherheit beim Aufbau Ebenes Gelände ohne
Stolperfallen wählen, Bombe erst kurz vor
Beginn scharf machen. Mit der scharfen Bombe
sehr, sehr vorsichtig umgehen. Henkel sehr gut
mit Klebeband befestigen, denn dieser schützt
vor dem umherfliegendem Deckel.

Anleitung In dem Reifenstapel soll sich eine Bombe befinden. Diese wird explodieren,
wenn sie ruckartig bewegt, schnell bewegt, erschüttert oder gekippt wird. Die Bombe ist
aus dem Stapel zu holen und zur Entschärfungsstelle zu bringen. Diese befindet sich dort,
etwa ein Meter außerhalb.
Es gelten folgende Regeln: Zur Bombe muss immer ein Abstand von mindestens zwei
Meter bestehen. Das gilt auch für einzelne Körperteile!
Weder ihr noch eure Ausrüstung dürft das Absperrband berühren. Geschieht dies, so wird
eine Strafe verhängt. Die Reifen dürfen berührt werden.
Ihr dürft nur die bereitgelegten Hilfsmittel benutzen.
Ihr habt ab jetzt 40 Minuten Zeit, die Bombe zur Entschärfungsstelle zu bringen.

Während der Übung Setze sanft die Regeln durch. Verhindere, wenn Leute sich auf die
Schultern anderer setzen, dass eine Überlastung entsteht.

Sicherheit bei der Durchführung Immer auf zwei Meter Sicherheitsabstand verweisen. Sobald eine Dose zischt, alles fallen, stehen und liegen lassen und die Flucht ergreifen. Sollte die Dose geborgen werden, ganz kurz schütteln und Sicherheitsabstand einnehmen! Schultersteigaktionen nur zulassen, wenn offensichtlich keine Verletzungsgefahr besteht. Die Leute müssen dazu jedoch sportlich genug, der Untergrund trocken und rutschfest sein. Die blinden Boten müssen begleitet werden, damit sie nicht stolpern oder mit einem Hindernis kollidieren.

Wartung Dosen peinlichst genau säubern. Sobald Rost ansetzt, schließt der Deckel nicht mehr dicht und der Knall bleibt aus. Zur Entrostung eignen sich Edelstahltopfkratzer. Wenn Fäden zerschnitten worden sind, neue nehmen oder aneinander knoten. Karbid absolut Luftdicht verpacken!

Wichtige Hinweise Auch die Hände der Teilnehmer müssen zur Bombe mindestens zwei Meter Distanz haben! Anfangs die Regeln lockerer auslegen. Beachte die Unterschiede in der Verfahrensweise bei mehreren Gruppen! Bei Dosen den Henkel so anbringen, dass ein Umherfliegen des Deckels nicht möglich ist (über Kreuz).

Variationen Mehrere Bomben nebeneinander, wobei die Hilfsmittel ungleichmäßig verteilt sind. Die Gruppen können dann Boten zu Tauschgeschäften senden.

Schule Nicht geeignet!

Raum für eigene Notizen:

11.24 Pipeline ☆☆☆

Bau einer Wasserleitung

Richtziele Arbeiten planen,
aufteilen und hundertprozentig
sorgsam ausführen

Personen 11 bis 21

Dauer Gesamt 90 Minuten
Übung 70 Minuten
Debrief 10 Minuten

Zeitpunkt eher gegen Ende

Schwierigkeit ✳✳   körperliches Engagement Ø
geistiges Engagement ✳✳

Benötigtes Grundmaterial Zwei Fässer, mit jeweils etwa 120 Liter Fassungsvermögen. Ab halber Höhe müssen in eines der Fässer bis zum oberen Rand etwa 40 Löcher so gebohrt, dass vier bis sechs Personen diese mit ihren Fingern verschließen können. Das andere Fass wird nicht präpariert.

Ein Schwimmer (Luftballon, verschlossenes Gefäß o. Ä.) mit einem „Preis" (Flasche Sekt, kleiner Karabiner für jeden o. Ä.) daran;

Material für die Markierungen: 1 x 30 Meter und 1 x 10 Meter Absperrband;

Material für die Leitung: Hier geht, was der Baumarkt anbietet. Folgendes ist zu beachten: Es muss genug Material für zwei Leitungen vorhanden sein; wenn man beide Materialhaufen für eine Leitung nimmt, dann müssen Rohre, Rinnen und Schlauchstücke mit großem Durchmesser bis zum Fass reichen; allerdings darf dann nur noch ein Tröpfeln beim Zielfass ankommen. Man braucht sehr viele Seilstücke zum Binden und zahlreiche Stangen verschiedener Länge, um die Leitung mit einem Gefälle versehen zu können; außerdem zwei Trichter und zwei Schöpfgeräte (max. zwei Liter Inhalt) zum Einfüllen des Wassers

Benötigtes Verschleißmaterial Ein Wasservorrat von etwa 120 Liter

Aufbauanleitung An der höchsten Seite eines leicht abfallenden Geländes, Startlinie ziehen (zehn Meter Absperrband). Mittelsenkrechte bergabwärts mit dem langen Absperrband (30 Meter) befestigen. Ans Ende des 30 Meter langen Stückes das präparierte und vorgefüllte Fass (ca. 30 Liter) stellen.

Restliches Material gleichmäßig verteilt auf zwei Haufen links und rechts der Mittelsenkrechten vor der Startlinie; Schwimmer ins Fass.

Ans obere Ende das intakte, bis zum Rand gefüllte Fass stellen.

Sicherheit beim Aufbau Das Gelände sollte insgesamt eben sein. Es darf beim Wasserschöpfen keine Gefahr des Hineinfallens bestehen. Die Nägel zur Befestigung des Absperrbandes müssen ganz eingeschlagen werden.

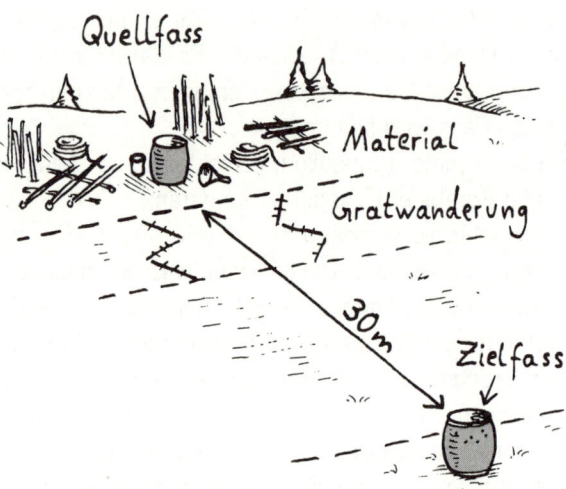

Anleitung Füllt das Fass mit Wasser, sodass der darin enthaltene Gegenstand nach oben schwimmt und ihr ihn ohne in das Fass hineinzulangen greifen könnt. Ihr habt ab jetzt 60 Minuten Zeit.

Während der Übung Sollten die Gruppen auf die (gewünschte) Idee kommen, gleich zusammen zu arbeiten und die imaginäre Trennlinie ignorieren, bestärke sie darin. Ansonsten steht dir diese Aufgabe noch bevor, denn für die Einzelgruppen ist der Zeitrahmen nicht zu schaffen.

Die Löcher am Fass sind mit den Fingern und mit nichts anderem abzudichten. Am Ende, wenn der Schwimmer herausgefischt wird, alle Personen zum Fass holen: Sobald nämlich die Finger aus den Löchern genommen werden, ergießt sich ein fröhlicher Schwall!

Sicherheit bei der Durchführung Es ist fast nichts zu beachten. Wenn Hektik aufkommt: Ruhe reinbringen.

Wartung Darauf achten, dass alle feuchten Gegenstände Gelegenheit zum Trocknen bekommen, sonst setzen diese Schimmel an. Gebrochene oder beschädigte Teile (die Dachrinnen sind besonders gefährdet) ersetzen.

Wichtige Hinweise Die gefüllten Fässer sind ziemlich schwer und kaum noch zu transportieren! Alte Hasen führen immer einen Gartenschlauch zum Füllen mit sich. Achtet darauf, dass später die 100 Liter Wasser ohne zu stören abfließen können!

Variationen: Zwischen Startlinie und Fass noch irgendwo eine Gratwanderung (siehe Seite 136) dazwischenschalten. Dies garantiert, dass keiner auf die Idee kommt, mit den Bechern hin und her zu rennen.

11.25 Floß ☆☆☆

*Ein Floß bauen und
ein Gewässer befahren*

Richtziele Gemeinsam Ideen entwickeln und konsequent umsetzen

Personen drei bis fünf

Dauer Gesamt 2:30 Stunden
Übung 2:15 Stunden
Debrief 15 Minuten

Zeitpunkt eher gegen Ende

Schwierigkeit ✳✳✳   körperliches Engagement   ✳✳✳
geistiges Engagement   ✳✳✳

Benötigtes Grundmaterial 30 Schnüre à zwei Meter Länge (Durchmesser vier bis sechs Millimeter); acht Stämme mit 2 bis 2,5 Meter Länge (Durchmesser 12 bis 15 Zentimeter); Helme für alle Teilnehmer; zwei Bademäntel; eine Zange; ein Gewässer ohne spürbare Strömung; vier fest verschließbare Fässer à 120 Liter (Maischefässer)

Benötigtes Verschleißmaterial Moderationsmaterialien

Aufbauanleitung Alles auf einen Haufen legen, darauf achten, dass die Schnüre keine Knoten haben; Helme bereitlegen.

Sicherheit beim Aufbau Die Hölzer müssen ohne Splitter, sauber und trocken sein. Die Schnüre müssen einen Mindestdurchmesser von fünf Millimeter haben, sonst können sie die Haut verletzen. Lege Handtücher und Bademäntel bereit. Die Leute müssen in zumutbarer Nähe Wechselkleidung haben. Das Wasser muss gut zugänglich sein. Im Wasser dürfen keine Kanten oder Vorsprünge sein (abgestorbene Bäume o.Ä.).

Anleitung Baut ein Floß, um einen Gegenstand zu bergen und um nach X zu kommen. Ihr habt jetzt 45 Minuten Zeit, um das Material zu sichten (ohne es zu berühren) und um zu planen. Danach läuft die Bauzeit von 60 Minuten. Es darf niemand zu keiner Zeit Wasserkontakt haben. Es besteht Helmpflicht!

Medizinische Hinweise Leute, die nicht schwer heben können, und Leute mit Herzproblemen bleiben dem Bau auf dem Wasser fern.

Während der Übung Diese Übung kann ein Motivationsproblem sein. Vorher ansprechen und sich einen Weg ausdenken, wie die Leute selbst mit Motivationslöchern umgehen könnten.

Sicherheit bei der Durchführung Alle Maßnahmen ergreifen um zu verhindern, dass jemand ins Wasser fällt. Immer auf die Konstruktion achten! Unsicheres stoppen! Helmpflicht!

Wartung Hölzer, Fässer und Seile trocknen und auf Beschädigungen untersuchen

Wichtige Hinweise Diese Übung kann die Gesundheit der Teilnehmer gefährden und sollte nur von dazu ausgebildeten Trainern durchgeführt werden!

Variante Teilnehmer in Einzelgruppen verschiedene Konstruktionen planen und anschließend zwischen diesen auswählen lassen.

Schule Die Angst, unfreiwillig baden zu gehen, hemmt etwas. Man achte darauf, dass die Leithammel aktiv mitmachen. Andernfalls gibt es Ränkespielchen, wer die schwere Arbeit macht und wer cool ist.

Raum für eigene Notizen:

11.26 Brücke ☆☆☆

Ein Gewässer überbrücken und überqueren

Richtziele Gegenseitig motivieren, Ideen entwickeln, Konsens finden

Personen 10 bis 19

Dauer   Gesamt 2:30 Stunden
            Übung   2:15 Stunden
            Debrief   15 Minuten
Zeitpunkt eher gegen Ende

Schwierigkeit ✳✳✳   körperliches Engagement ✳✳✳
                          geistiges Engagement   ✳✳✳

Benötigtes Grundmaterial 40 Schnüre à zwei Meter Länge (Durchmesser vier bis sechs Millimeter); 30 Stämme mit 2 bis 2,5 Meter Länge (Durchmesser 12 bis 15 Zentimeter); Helme für alle Teilnehmer; zwei Bademäntel; zwei Seilstücke à 25 Meter; eine Zange Ein Gewässer mit etwa acht bis zwölf Meter Breite, ohne spürbare Strömung, maximal zwei Meter tief

Benötigtes Verschleißmaterial Moderationsmaterialien

Aufbauanleitung Alles auf einen Haufen legen, darauf achten, dass die Schnüre keine Knoten haben; Helme bereitlegen.

Sicherheit beim Aufbau Die Hölzer müssen ohne Splitter, sauber und trocken sein. Die Schnüre müssen einen Mindestdurchmesser von fünf Millimeter haben, sonst können sie die Haut verletzen. Lege Handtücher und Bademäntel bereit. Die Leute müssen in zumutbarer Nähe Wechselkleidung haben. Das Wasser muss gut zugänglich sein. Im Wasser dürfen keine Kanten oder Vorsprünge sein (abgestorbene Bäume o. Ä.).

Anleitung Ihr habt eine Marktlücke zu füllen, indem ihr mit einer weiteren Firma ein Jointventure eingeht. Als Metapher dafür dient eine Brücke, die von zwei Seiten aufeinander zu gebaut wird. Die Brücke muss über dem Wasserspiegel liegen, d.h., Schwimmkonstruktionen sind nicht möglich. Säulen oder Pfähle dürfen natürlich ins Wasser reichen. Eine Hängekonstruktion geht leider auch nicht, da keine Fixpunkte vorhanden sind. Es herrscht Helmpflicht!
Ziel: Die Gruppen wechseln über die Brücke auf die anderen Seite und müssen alle gleichzeitig auf der Brücke stehen können. Bauzeit eine Stunde und zehn Minuten.

Medizinische Hinweise Leute, die nicht schwer heben können, und Leute mit Herzproblemen bleiben dem Bau auf dem Wasser fern.

Während der Übung Diese Übung kann ein Motivationsproblem sein. Vorher ansprechen und sich einen Weg ausdenken, wie die Leute selbst mit Motivationslöchern umgehen könnten.

Sicherheit bei der Durchführung Keine Hängekonstruktionen! Wenn die Brücke unzureichend verbunden ist, darf sich keiner zu weit vorwagen. Alle Maßnahmen ergreifen um zu verhindern, dass jemand ins Wasser fällt. Immer auf die Konstruktion achten! Unsicheres stoppen!

Wartung Hölzer und Seile trocknen und auf Beschädigungen untersuchen

Wichtige Hinweise Diese Übung unterliegt gewissen Festigkeitskriterien; die Auslegung und die Berechnung verlangen prinzipiell Ingenieurwissen. Diese Übung kann die Gesundheit der Teilnehmer gefährden und sollte nur von dazu ausgebildeten Trainern durchgeführt werden. Zum Abbau am besten die Teilnehmer hinzuziehen. Brücke am Rand aufknoten (Zange) und nach und nach an Land hieven.

Variationen: Teilnehmer in Einzelgruppen verschiedene Konstruktionen planen, präsentieren und dann eine davon bauen lassen.

Schule Extreme Schwierigkeiten, eine Konstruktion zu entwerfen und zu realisieren

Raum für eigene Notizen:

11.27 Pfadfinder ☆☆

Orientierungswanderung mit Logik

Richtziele Kooperation, Informationsfluss, Kommunikation

Personen 10 bis 40

Dauer Gesamt 3:30Stunden
Übung 3:00Stunden
Debrief 30 Minuten

Zeitpunkt eher gegen Ende

Schwierigkeit ✶✶ körperliches Engagement ✶✶
geistiges Engagement ✶✶

Benötigtes Grundmaterial Ein Funkgerät pro Gruppe und eines zur Überwachung, also mindestens drei Stück. Eine gute Karte (1:20000) und vier präparierte lückenhafte Kopien davon. Ein geeignetes unübersichtliches (bewaldetes) Gelände. Sicherheitshalber zwei Fahrzeuge.

Benötigtes Verschleißmaterial Vier Kopien der Karte.

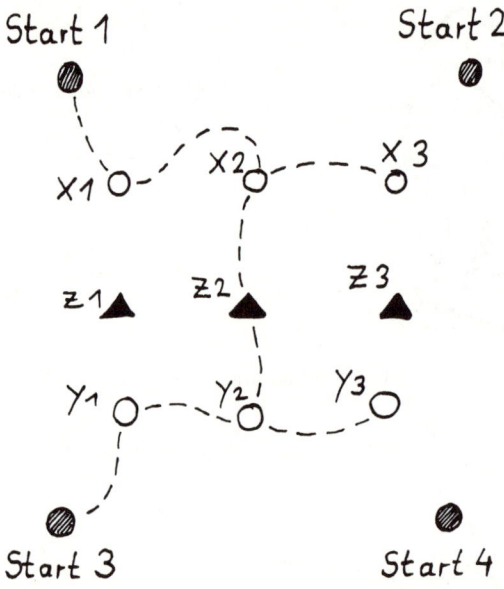

Aufbauanleitung Suche zunächst ein geeignetes Gelände. Dieses muss bieten: Mindestens zwei (einer pro Teilgruppe) etwa drei Kilometer lange unabhängige Wege, die zu einem Punkt führen. Diese Wege müssen jeweils Kreuzungen und Verzweigungen aufweisen, d.h., sie dürfen nicht eindeutig sein. Gut eignet sich beispielsweise ein Berg, der von verschiedenen Seiten erstiegen werden kann. Das Gelände sollte allerdings sportlich wenig anspruchsvoll sein. Das Ganze wird eine Art Orientierungswanderung mit Funk, d.h. Informationen über den weiteren Wegverlauf müssen untereinander über die Funkgeräte ausgetauscht werden. Fertige dann geeignete Kartenfragmente an. So hat A auf seiner Karte wichtige Weginformationen für B und umgekehrt. Jede Partei allein hat jedoch keine Chance den richtigen Weg zu finden. Bringe also die Leute zum Ausgangspunkt und lass sie laufen.

Geländeschema für vier Gruppen: Auf der Karte von A und B befinden sich die Punkte Y1, Y2 und Y3. Diese Punkte müssen an die Gruppen C und D übermittelt werden. Umgekehrt müssen C und D die Lage von X1 bis X3 an die Gruppen A und B kommunizieren.

Die Lage der möglichen Ziele Z1 bis Z3 ist allen bekannt. Aus den Informationen, die an den X- und Y-Punkten zu finden waren, kann dann das richtige Ziel ermittelt werden.

Sicherheit beim Aufbau Prinzipiell ist es von Vorteil, wenn jeder Punkt des Weges mit einem Fahrzeug zu erreichen ist. Auf keinen Fall jedoch darf die Gefahr bestehen, dass sich die Teilnehmer verirren. Bei Waldbrandgefahr oder Zeckenplage muss die Übung ausfallen.

Anleitung Trefft euch bei einem noch unbekanntem Punkt Z. Die andere Gruppe hat ebenfalls diese Aufgabe. Es gibt als Hilfe nur dieses Kartenfragment und ein Funkgerät. Das Gerät darf nur alle fünf Minuten und insgesamt nur jeweils 60 Sekunden (Frage und Antwort) in Betrieb sein!

Medizinische Hinweise Alle Teilnehmer sollten in der Lage und Willens sein, die Strecke laufen zu können.

Während der Übung Auf Einhaltung des Funkfensters achten

Sicherheit bei der Durchführung Festes Schuhwerk und wettergerechte Kleidung!

Wartung Batterien nachladen, Geräte testen, defekte oder verlorene Zwischenmarkierungen ersetzen

Wichtige Hinweise Das Gelände sollte Tricks nicht erlauben.

Variationen Das Ganze mit dem Fahrrad. Das Endziel ist nicht bekannt, es stehen vier mögliche Endziele zur Auswahl. Es müssen vier verschiedene Punkte angesteuert werden, an denen sich weitere Informationen befinden (à la: Das Ziel ist nicht Punkt 1 wenngleich es auch nicht Punkt 2 ist.). Werden diese Informationen zusammengesetzt, so kann man daraus dann das Endziel ermitteln. Funkkontakt: alle fünf Minuten für 30 Sekunden

Schule Einhalten der Funkfenster klappt nur, wenn bei jeder Gruppe eine Aufsichtsperson mitläuft.

Raum für eigene Notizen:

11.28 Abc-Sammeln ☆☆

Eine Art Schnitzeljagd

Richtziele Arbeiten planen, aufteilen, delegieren

Personen 9 bis 50

Dauer Gesamt 1:40 Stunden
Übung 1:20 Stunden
Debrief 20 Minuten

Zeitpunkt eher gegen Ende

Schwierigkeit ✳✳   körperliches Engagement ✳✳
geistiges Engagement ✳✳

Benötigtes Grundmaterial Für je drei Personen eine Landkarte; Wetterfeste Buchstabenkarten von A bis Z. Ein schönes Gelände mit Büschen, Bäumen und Wegen, beispielsweise ein Park. Pro Gruppe eine Taschenlampe, falls die Übung im Dunkeln stattfindet.

Benötigtes Verschleißmaterial Buchstabenkarten, Klebeband, Batterien für die Taschenlampen, Schreibmaterial

Aufbauanleitung Die Buchstabenkarten sind im Gelände gleichmäßig zu verteilen. Sie werden gut sichtbar angebracht und auf der Landkarte vermerkt. Es darf nicht möglich sein, dass alle Karten binnen einer halben Stunde eingesammelt werden können. Die Distanz zwischen zwei Karten darf maximal 1,5 Kilometer, mindestens jedoch 100 Meter. Achtung: Das Aufbauen und Ausprobieren einer Strecke kann durchaus einen halben Tag in Anspruch nehmen.

Sicherheit beim Aufbau Karten so anbringen, dass sie gefahrlos entfernt werden können. Jeder Ort der Strecke sollte mit einem Fahrzeug erreichbar sein. Die Strecke darf keine gefährlichen Passagen (Steilhänge, Bäche) aufweisen.

Anleitung Hier habt ihr einen Plan. Auf diesem sind Buchstaben verzeichnet. Bildet Einzelgruppen aus mindestens drei Personen und sammelt so viele Punkte wie möglich. Ihr habt jetzt 20 Minuten Zeit, eine Punktzahl, die ihr realistisch erreichen wollt, zu nennen. Teilt uns in 20 Minuten euer im Konsens gefundenes Planziel mit und begebt euch danach auf die Jagd. Ihr habt ab Bekanntgabe der geplanten Zielpunktzahl genau 30 Minuten Zeit.

- Für jeden Buchstaben gibt es einen Punkt
- Für jedes Substantiv, welches aus den von einer Einzelgruppe gesammelten Buchstaben gebildet werden kann, gibt es fünf Punkte
- Für jedes Substantiv, welches aus den von einer Einzelgruppe gesammelten Buchstaben gebildet werden kann und das als Zeichnung vorliegt, gibt es zehn Pluspunkte
- Für jede Minute, die eine Gruppe zu spät vom Suchen zurückkommt, gibt es 100 Minuspunkte
  Zeit zum Planen: 20 Minuten
  Zeit zum Suchen: 30 Minuten
  Zeit zum Wortbilden / Zeichnen: 20 Minuten

Medizinische Hinweise Auf witterungsgerechte Kleidung achten. Rennen ist verboten!

Sicherheit bei der Durchführung Erreichbar bleiben. Jeder Punkt der Strecke sollte mit einem Fahrzeug erreichbar sein.

Wartung Entwendete oder beschädigte Schilder ergänzen

Wichtige Hinweise Keine. Bei widrigem Wetter, Teilnehmer über Durchführung entscheiden lassen.

Variationen Im Dunkeln mit der Taschenlampe. In Einzelgruppen ein Ziel vereinbaren lassen und erst dann eine gemeinsame Punktzahl festlegen. Bei zu wenig Buchstaben, alle gefundenen zum Wortbilden verwenden.

Raum für eigene Notizen:

HighEvents

12

12 HighEvents

12.1 Wozu HighEvents?

HighEvents sind teuer, nicht gänzlich ungefährlich, dauern lang und haben nicht unbedingt den erwarteten Transfer. Trotzdem erfreuen sie sich steigender Beliebtheit. Bei den Veranstaltern vor allem deswegen, weil sie mehr Geld als Bodenübungen bringen. Bei den Auftraggebern, weil es nach etwas Besonderem aussieht. So große und komplizierte Sachen müssen ja auch einen gewaltigen Nutzen haben. Die Frage ist, was bringt es den Teilnehmern?

Einen konkreten Prozesstransfer meistens nicht. Viel Sozialtransfer und vor allem das Gefühl, wie es ist, die Komfortzone zu verlassen. Und hier liegt auch der eigentliche Nutzen. Die Teilnehmer bekommen ein Gefühl für das Erreichen und Überschreiten persönlich auferlegter Grenzen. Dieses Gefühl ist in Ursache und Wirkung sehr transparent: je höher, desto mehr Angst. Je weniger Vertrauen, desto mehr Angst.

Bei Bodenübungen treten zwar die gleichen Gefühle auf, doch sind sie nicht so direkt zuzuordnen. Die Sachlage ist hier zu kompliziert, die Grenzen sind gänzlich anderer Natur, liegen tiefer in der Psyche versteckt. Kann man aber ein Gefühl exakt zuordnen, so lässt sich leichter damit umgehen. Die Hochübungen erlauben sozusagen eine Katalogisierung der eigenen Gefühle.

HighEvents schaffen viel Energie, entwickeln großen Sog, erzeugen Hochstimmung und gute Laune. Kurz, sie ebnen den Boden für komplizierte, problematische und langwierige Lernprozesse. Hochübungen motivieren stark und locken durch ihren spielerischen Charakter eher zum Ausprobieren von Verhaltensalternativen. Sie geben das Gefühl, wirklich etwas geschafft zu haben, sind quasi Abenteuer pur. Und die in einer immer sicherer und steriler werdenden Welt, in der körperliche Arbeit immer weniger Raum einnimmt. In einer Welt, in der Leute freiwillig Gewichte stemmen und in alberner Kleidung durch die Gegend hetzen um sich überhaupt noch zu bewegen. In einer Welt, in der Fernsehen und Internet Abenteuer plus Emotion bequem zur Kautschkante liefern.

Kurzum, wer wollte da noch ein HighEvent verwehren. Gönnen Sie sich das einfach einmal!

Nach und während einem Training dominieren HighEvents die Teilnehmergespräche. Doch bohrt man nach Erfahrungen und konkreten Erkenntnissen, dann werden dennoch meist Bodenübungen genannt. Da war nämlich mehr Zeit sich um den Prozess zu kümmern, weil die Teilnehmer nicht ständig dem Tod ins Auge schauten. Dies wirkt ablenkend.

Dennoch, der Erfolg und die erfolgreiche Bewältigung von kritischen LowEvents benötigen das durch HighEvents entstandene Potenzial. Kurz gesagt, mit ein paar Hochübungen vorher laufen die Bodenübungen nachher einfach besser. So viel besser, dass man dafür auch die Kosten tragen kann. Das heißt nicht, dass man direkt mit Hochübungen anfangen sollte. Dies würde die Teilnehmer überfordern.

Manche Anbieter schwören auf Hochübungen am Ende eines Trainings: So nehmen die Leute die Energie mit in den Alltag. Gleichwohl kann man natürlich anhand der Hochübungen vorherige Inhalte vertiefen und festigen.

Bei einer der weltgrößten Outdoor-Aktionen überhaupt, die der wichtigen Sparte der Automobilverkäufer galt, wurden die Teilnehmer mitten im Hochgefühl eines HighEvents verabschiedet. Einige Zeit später suchte ich unfreiwillig eine Werkstatt auf (ich fuhr damals eines der Fahrzeuge dieses Konzerns). Beim Fachsimpeln mit dem Mechaniker kamen wir auf das Thema Weiterbildung. Der Chef sei völlig überdreht zurückgekehrt und hätte mit weit mehr Energie als üblich schikaniert. Er habe mächtig Oberwasser und käme sich noch wichtiger vor als sonst, schließlich hat man ihn erwählt, in einem Luxushotel zu wohnen und tolle Abenteuer zu erleben.

Man sollte die Leute zwar glücklich nach Hause schicken, aber trotzdem sollte das Selbstbewusstsein lädiert sein, wie sonst sollen Betroffenheit und Dringlichkeit für Veränderungsprozesse entstehen? Weitere pragmatische Gründe nicht mit einer Hochübung zu enden: Hochübungen stressen, der Stress sollte vor der Heimfahrt abgebaut sein. Sowohl Eustress/Euphorie als auch Disstress/Weinkrämpfe verursachen unaufmerksame Zeitgenossen, welche mit dem Führen eines Fahrzeuges nicht betraut werden sollten. Bei einem Treamtraining sollte die Abschlussübung alle gleichmäßig belasten und einbinden. Hochübungen selektieren stets.

12.2 Einstimmungsrituale

Hochübungen sind ein bisschen wie Magnesium verbrennen: Sie bringen viel Energie, benötigen aber auch viel zum Starten. Zwar gibt es stets ein paar Kecke und Fürwitzige, die gern den Anfang machen wollen, doch die Masse leidet schwer, angesichts von Leitern, Seilen, persönlichen Ängsten und bevorstehendem Gesichtsverlust. Die größte Angst ist die Angst vor der Reaktion der anderen auf das (mögliche) eigene Versagen. Kurzum, gelang es nicht, im vorherigen Trainingsverlauf, das Vertrauen der Teilnehmer zueinander auf ein hohes Level zu bringen, dann gibt es spätestens jetzt ernsthaft Schwierigkeiten. Ein klein wenig helfen können die Einstimmungsrituale. Im Wesentlichen geben sie den Kandidaten das Gefühl, nicht allein zu sein und geliebt zu werden. Gefühle, die man sonst zwar gerne spürt, aber nicht unbedingt akzeptiert. Wer viel Liebe braucht ist nämlich schwach, kann sich nicht durchsetzen und ist am Ende noch schwul! Doch selbst der Coolste wird angesichts des Mastes und der aufragenden Leiter weich. Und er akzeptiert endlich einmal die Gefühle seiner Mitmenschen. Und hinterher merkt er, wie gut es tat. Und so kommt es dann, dass Leute nicht nur fordern, sondern auch geben. Schön wäre es, wenn die Einstimmungsrituale allein schon für einen derartigen Lerneffekt sorgen würden. Sie wirken aber nur in Verbindung mit der Hochübung.

12.2.1 Energiekreis

Zeit 2:00 Minuten

Zielgruppe normale Europäer, eher ruhig, zurückhaltend, ängstlich aber willig, Gefühle anderer akzeptierend, Frauen, mehr introvertiert

Durchführung „Kommt alle kurz her, ich glaube ... könnte noch ein wenig Energie für den Weg nach oben benötigen."

„Stellt euch dicht um ... herum, legt eure Hände auf ... , seid ganz still und denkt daran, was ... für euch bedeutet und was ihr euch für ... wünscht."

„Du, ..., kannst – wenn du magst – die Augen schließen und tief einatmen." Tief Voratmen zwecks pacen und leaden!

„Spür mal was die anderen dir mitgeben wollen, ... und dann los!"

Normalerweise beruhigt das tiefe Atmen die Person. Außerdem wird an das tiefe Atmen die Ruhe und Kraft der Umgebenden geankert. Gibt es im Verlauf der Übung Stress, so lässt sich dieser Anker durch die Aufforderung die Augen zu schließen und erst einmal durchzuatmen lösen.

Wenn die Gruppe dieses Ritual akzeptiert und für nützlich erachtet (Person nach dem Abstieg darauf ansprechen) soll sie es, durch den Lernpartner angeleitet, selbstständig durchführen.

12.2.2   Stampfkreis

Zeit 1:30 Minuten

Zielgruppe Amerikaner, eher laut, hysterisch, Angst verdeckend und in der Übung ein Männlichkeitsritual sehend, mehr extrovertiert

Durchführung Man stelle den Kandidaten vor die Wahl, Energie- oder Stampfkreis. Etwa fünf bis zehn Prozent wollen es etwas lauter. Um die Person wird ein Pulk gebildet. Alle legen sich gegenseitig die Arme auf die Schultern. Man springe auf und ab und brülle dabei laut mehrfach: „Ich schaff es, Du schaffst es, wir schaffen es!"

Anmerkung Es ist jedoch gut möglich, dass einige im deutschen Sprachraum diese drei Vorherverkündigungen als Killerphrasen empfinden. Ursache dieses Phänomens ist das Wirken – eventuell fälschlicherweise – selbst ernannter Motivationsgurus. Den Betroffenen wurde suggeriert, es handle sich nicht nur um drei Wünsche, sondern um Zaubersprüche, durch welche unermessliche Dukatenregen auf ihre Verkünder niederprasseln. Die bittere Erkenntnis, dass dem nicht so ist, wird nur zu einem ganz kleinen Teil davon wieder gutgemacht, dass einer der lautesten – aber nicht lautersten – Verkünder nun in U-Haft Mantras murmelt ...

Um es kurz zu machen, zweierlei wird eine voreingenommene Teilnehmerschaft beruhigen:

1. Diese drei auf Selbsterfüllung hoffenden Prophezeiungen sind hier sozusagen inklusive und kostenlos. In der freien Motivationswirtschaft müsste man dafür sehr viel Geld bezahlen; statt wie hier von Freunden wäre man von hunderten von Fremden umgeben, die um des Schreiens willen schreien.
2. Es sind keine magischen Worte, sondern nur ein paar zackige Sätze, welche man in ihrer Wirkung keinesfalls überschätzen sollte. Letztendlich will man ja nur ausdrücken: „Wir sind hier und passen auf dich auf, beruhig dich, hab keine Angst und zieh endlich los!"

12.3 Ausstimmungsrituale

12.3.1   Staub abklopfen

Zeit 1:00 Minute

Zielgruppe alle, die von oben kommen

Durchführung Meist sind die Leute nicht ganz beieinander, wenn sie frisch von oben kommen. Der Rest der Gruppe möchte zwar Anerkennung ausdrücken, weiß aber oft nicht wie oder geniert sich. Man versammle sich um die Kandidaten, diese bücken sich nach vorn und unter lauten Gebrüll trommle man auf ihrem Rücken sanft herum.

12.3.2   Seilkreis

Zeit 5:00 bis 10:00 Minuten

Zielgruppe alle

Durchführung Am Ende jeder Trainingseinheit steht eine Zusammenfassung oder Lernerfolgssicherung. Die Teilnehmer halten sich an einem Seil fest und lehnen sich zurück. Mit geschlossenen Augen lauschen sie hingebungsvoll den Weisheiten, die der Trainer von sich gibt. Man kann das Vergangene Revue passieren lassen, an die großartigen Leistungen erinnern, auf die stattgefundenen Veränderungen hinweisen, kurz und gut eine leichte Trance mit Backtracking und Future Pace.
Hier gilt die Telefonierregel Nummer eins der verflossenen DDR (und damit ist nicht der RAM-Chip-Standard gemeint, dann hieße es „des"): Fasse dich kurz! Es ist nämlich anstrengend, sich nach einem harten Tag am Seil noch lange aufrecht zu halten!

12.4 Vorsicht: Indoor-Trainer und HighEvents

Mit der Zeit wird es als Zuschauer recht langweilig! Und überhaupt, ein glotzender Indoor verdirbt ja doch nur die Stimmung. Garantiert kommt die „liebe" Einladung der eigenen Schützlinge, doch einmal „schnell mit hoch zu kommen". Ich habe Trainer gesehen, die sind dieser Einladung gefolgt und Trainer, die abgewinkt haben. Mein ernst gemeinter Rat: Lass es bleiben! Als Trainer stehst du unter erheblichem Stress. Und die Übung macht keinen Unterschied zwischen Trainer und Teilnehmer. Sie wird dich ziemlich beuteln. Die Aufgabe, für die du bezahlt wirst, kannst du dann kaum noch wahrnehmen. Empfehlenswert ist einige Zeit vorher (mindestens eine Woche) unter fachkundiger Anleitung die Übungen selbst einmal zu probieren.

Trainer, die Übungen debriefen, die sie nur durchs Zuschauen kennen, sind jämmerliche Gestalten. Egal wie viel Erfahrung und Einfühlungsvermögen sie mitbringen, dass, was sich da oben abspielt ist durch Beobachtung nicht nachvollziehbar. Sonst brauchten wir nur Videos zeigen. Um über die Gefühle der Teilnehmer und die daraus für sie erwachsenden Konsequenzen zu referieren, sollte man sie selbst einmal durchlebt haben.

Da Indoors stets unter Zeitdruck stehen, Termine haben und von Kunde zu Kunde hetzen müssen, schenken sie sich oft diese (schöne) Erfahrung. Mit Regelmäßigkeit führt dies zu peinlichen Szenen im Debrief, in denen selbst der unsensibelste Teilnehmer spürt, dass hier ein Bock vom Gärtnern spricht.

12.5 Einzelcoaching

Da HighEvents grundsätzlich von zwei speziellen Outdoor-Trainern durchgeführt werden (sollten), hat der geplagte und überarbeitete Indoor ausnahmsweise einmal nichts zu tun. Die Leute sind beschäftigt und werden unterhalten. Na ja, da hätte man endlich einmal Zeit, sich in Ruhe einzelnen Teilnehmern zu widmen. Sinnvollerweise empfängt man den oder die Mutigen, wenn sie gerade von oben kommen. Umarmung, Küsschen links, Küsschen rechts, kurzes Statement an die Truppe und dann ab ins Separee.

Die gemachten Erfahrungen sind oft sehr persönlicher Natur, hin und wieder findet ein Tränchen den Weg über die Wange, kurz, eine ideale Gelegenheit für den Indoor, Muster aufzubrechen. Leider bleiben dafür nur ca. 15 Minuten Zeit, dann kommt der Nächste zum Trösten.

Deshalb, vorher überlegen: Was will ich als Indoor mit dieser speziellen Person erreichen? Welche Fragen und Impulse sind dafür geeignet? Im Zweifelsfall auf das bewährte Schema Gefühl-gut-schlecht-Transfer ausweichen.

12.6 Hochseil (High-Y) ☆☆☆

Richtziele Aufgaben im Team bewältigen, Coaching

Personen 10 bis 26

Dauer   Gesamt 2:30 Stunden
           Übung   2:00 Stunden
           Debrief 30 Minuten

Zeitpunkt eher am Ende

Schwierigkeit ✳✳✳   körperliches Engagement ✳✳✳
                         geistiges Engagement   ✳✳✳

Anwendungszweck Potenzial und Energie für Veränderungsprozesse schaffen, verkrustete Strukturen aufbrechen, Leute ins Gefühl bringen; im Prinzip alles von KVP über Kundenorientierung bis zur Problemlösung und Teamarbeit im weitesten Sinne

Aufbau/Ablauf Die Laufseile eines Hochseiles gleichen in der Draufsicht einem Mercedesstern. Zwei Personen steigen an den jeweiligen Außenpunkten des Sternes auf die Seile, treffen sich in der Mitte und gehen gemeinsam zur Spitze des verbleibenden Zackens. Hochseil deswegen, weil sich diese Aktion in sechs Metern Höhe abspielt. Am Zielpunkt angekommen entschweben beide Personen jeweils nach hinten und werden abgelassen.

Benötigtes Grundmaterial ein Hochseil, Spezialgurte, Helme, Handschuhe

Sicherheit beim Aufbau Für einen Laien nicht überprüfbar. Indizien für eine sichere Anlage können sein: Zwei Outdoors am Set! Outdoor-Trainer tragen alle Helme, auch wenn sie sich unbeobachtet fühlen. Die Trainer treten nur zu zweit in Erscheinung (4-Augen-Prinzip wird eingehalten). Alle Personen mit Seilberührung tragen Handschuhe. Von jeder Person führen zwei komplett getrennt geführte Seile zum Boden. Der Ausfall von zwei Personen hätte keine Konsequenzen für die Sicherheit. Die Outdoors tragen selbst Gurte und führen noch diverse Gerätschaften mit sich (für eventuelle Rettungsaktionen).

Anleitung Vor euch seht ihr eine Anlage, man könnte sagen, es handelt sich um einen Freundschaftsgenerator. Er funktioniert nach zwei Prinzipien: Mitgefangen, mitgehangen und wir sitzen alle in einem Boot. Ganz wichtig: Es handelt sich um eine Partnerübung! Bedenkt genau, mit wem ihr diese Übung machen wollt! Mit jemandem den ihr schon sehr gut kennt, ist es sicher sehr schön, aber ihr vergebt viel von der Wirkung. Vielleicht wählt ihr jemanden aus, den ihr noch intensiver kennen lernen wollt und zu dem ihr noch kein so enges Verhältnis habt. Auf keinen Fall jedoch den Lernpartner. Der bleibt nämlich unten und gibt Tipps.
Weitere Anweisungen geben die Outdoor-Trainer!

Medizinische Hinweise Am Knöchel Verletzte nehmen besser nicht teil.

Während der Übung Vertrauen in die Outdoor-Trainer haben. Wenn diese Pushen und Druck ausüben, eventuell eingreifen. Eine gemeinsame Strategie vorher erarbeiten.

Sicherheit bei der Durchführung Sache der Outdoor-Trainer

Wichtige Hinweise Manchmal, besonders an warmen Tagen sinken die siegreichen Teilnehmer gern ins Gras und lassen den lieben Gott einen frommen Herrn sein. Hier unbedingt intervenieren. Ein Hochseil ist kein Karussel mit Karusselmännern die dafür sorgen, dass das Ding sich dreht, sondern eine Teamaufgabe!

Die meisten Interventionen müssen von den Outdoors kommen. Nur diese verfügen über einen umfassenden Erfahrungshintergrund.

Das Verhältnis zu den Outdoors sollte ganz klar sein. Hin und wieder werden Macht- und Liebesspielchen (guter Trainer, böser Trainer) abgezogen. Diese kosten dich Energie und die Teilnehmer spüren diese Spannungen ebenfalls. Es wirkt jedenfalls nicht sehr kongruent, wenn man auf Team trainiert und mit den Outdoors im Clinch liegt.

Vorteil
- reproduzierbare Erfahrung
- Transfermöglichkeiten nach Belieben
- prima Teamübung
- wetterunabhängig (Es hat sich gezeigt: je schlechter das Wetter, desto besser läuft die Übung.)

Nachteil
- Bei sehr vielen Teilnehmern später langweilig – eine Herausforderung für den Trainer
- man ist auf die Outdoor-Trainer angewiesen

Fazit Eine wirkliche Bereicherung!

12.7 Mast (Pole) ☆☆☆

Richtziele Umgang mit persönlichen Grenzen, Coaching

Personen 7 bis 20

Dauer   Gesamt 2:30 Stunden
Übung   2:00 Stunden
Debrief 30 Minuten

Zeitpunkt eher am Ende

Schwierigkeit ✳✳✳   körperliches Engagement   ✳✳✳
geistiges Engagement   ✳✳✳

Anwendungszweck Potenzial und Energie für Veränderungsprozesse schaffen, verkrustete Strukturen aufbrechen, Umgang mit eigenen Gefühlen und Grenzen; im Prinzip alles von KVP über Kundenorientierung bis zur Problemlösung und Teamarbeit im weitesten Sinne.

Aufbau/Ablauf Ein Mast von sieben bis neun Meter Höhe wird ohne fremde Hilfe erstiegen. Die ersten Meter legt man auf einer Leiter zurück, später sind große Krampen ins Holz getrieben. Auf dem Mast befindet sich eine Holzplattform mit dem Durchmesser einer Familienpizza. Es gilt nun, sich auf dieser Plattform völlig frei aufzurichten, zu drehen (aus sicherungstechnischen Gründen) und hinabzuspringen. Der Sprung ist kein echter Sprung, sondern nur ein Pendelschwung in die Sicherungsseile ohne freien Fall oder ähnliche derbe Belastungen.

Benötigtes Grundmaterial Ein Mast, Spezialgurte, Helme, Handschuhe

Sicherheit beim Aufbau Wie Hochseil, plus: Das Vorhandensein einer Pull-Leine. Diese dient zum Wegreißen des Kletterers vom Mast, wenn dieser fällt oder springt, und wird von einem Outdoor bedient.

Anleitung Vor euch seht ihr eine vermeintliche Einzelübung. Wenn, also wirklich nur wenn sich jemand trauen sollte, die Leiter zu erklimmen, dann ist schon viel gewonnen. Maximal erreichbares Ziel ist die Plattform. Wer wirklich darauf besteht, der kann auch noch auf den Teller krabbeln und runterspringen. Wichtig ist, das ihr bei jedem Schritt eine ganz bewusste Entscheidung trefft: weiter oder zurück. Es gibt keinen Zeitdruck. Ihr könnt hier ganz individuell eure persönliche Grenze finden. Geht ganz bewusst nach oben. Trefft Stufe für Stufe eine neue Entscheidung.
Als Führungsaufgabe: Partner coacht, d.h. der Lernpartner hat als Führungskraft die Aufgabe, seinen Mitarbeiter zu einer Höchstleistung anzuspornen. Ohne diesen jedoch unter Druck zu setzen, zu hetzten, zu bedrohen oder Versprechungen zu machen. Auch achtet eine gute Führungskraft darauf, dass dies nicht von dritter Seite geschieht. Weiteres werden euch die Outdoor-Trainer erklären.

Medizinische Hinweise Teilnehmer mit Knieverletzungen dürfen sich auf dem Teller nicht aufrichten.

Während der Übung Pushen unterbinden

Sicherheit bei der Durchführung Sache der Outdoor-Trainer

Wichtige Hinweise Auch hier setzen sich die Leute nach getaner Arbeit gern ab. Da viele vor Schreck erst einmal eine Zigarette rauchen, fallen sie für das Sichern weg (absolutes Rauchverbot in Seilnähe). Die Recken wieder heranholen, damit jeder die Chance bekommt, mit der Unterstützung aller selbst eine derartige Großtat zu vollbringen.

Vorteil
- sehr gute Transfermöglichkeiten in Richtung Selbsterfahrung
- absolut sichere Übung
- hervorragende Gelegenheit zum Einzelcoaching

Nachteil
- für viele Teilnehmer langweilig
- es kann zur Überforderung einiger Teilnehmer kommen

Fazit Eine schöne Übung; besser aber nicht allein, sondern in Verbindung mit dem Hochseil durchführen.

Raum für eigene Notizen:

Exotische
Aktivitäten

13 Exotische Aktivitäten

13.1 Allgemeines

In den letzten Jahren vermischten sich zwei Dinge, die miteinander eigentlich nichts zu tun hatten, mehr und mehr: Sport und Training. Anbieter, die vormals Touristen mit ihren Leistungen erfreuten, haben nun ein wesentlich dankbareres und vor allem zahlungskräftigeres Publikum für sich entdeckt: Die Firmenkunden. Wer will es ihnen verübeln, gibt es doch hier viel und leicht zu verdienen. Dem Trend der Zeit folgend, immer exotischere Incentives, immer größere Kicks zu präsentieren, wird schon einmal die Teilnehmerschaft des medizinischen Kongresses durch einen Canyon gescheucht oder die Vertriebler schippern in Gummibooten den Bach hinunter. Unter dem Deckmäntelchen Team und Gemeinsinn lässt sich derlei gut verkaufen – und es kommt in gewisser Weise auch an. Es tut nämlich keinem weh, weder den Teilnehmern (die froh sind, dass es emotional oberflächlich bleibt und schmerzhafte Veränderungen / Konfrontationen unterlässt) noch den Geldgebern (die denken, dass es „hilft" [wofür oder wogegen auch immer]).

Natürlich wird da und dort auch eine Feedbackrunde durchgeführt und jeder Teilnehmer wird gern und oft bestätigen, dass „es etwas gebracht hat". Bei so viel Erfolg ist es dann auch gar nicht mehr nötig, unternehmensrelevante Daten wie Reklamationen oder Krankenstand in Korrelation mit der durchgeführten Maßnahme zu bringen. Näheres Hinterfragen solcher kollegialen Unternehmungen macht zum Außenseiter und Meckerer.

Nichtsdestotrotz denke ich, haben all diese Aktivitäten irgendwo ihre Berechtigung. Im richtigen Kontext, mit engagierten und gut ausgebildeten Trainern lässt sich einiges bewegen. Den Teilnehmern sollte nur von Anfang an der Zahn gezogen werden, es ginge ums Saufen, Feiern und Spaßhaben. Ist man der Meinung, der Erfolg rechtfertigt die Risiken und die Kosten, dann kann in ein umfassendes Programm sicherlich eines der folgenden Elemente harmonisch und nutzbringend eingeflochten werden.

13.2 Klettern ...

Die Teilnehmer ersteigen leichte, sportlich anspruchslose Felsen. Die Sicherung erinnert an die normaler Toprope-Courses: Das Seil kommt von oben und bleibt die ganze Zeit straff. Entweder sitzt der Sicherungsmann auch oben oder er steht mit am Boden und das Seil läuft durch eine Umlenkung an der Wand.

Als Kletterer, den es in seiner Freizeit an die Felsen zieht, finde ich diese Aktivitäten sehr ärgerlich. Die ahnungslosen Opfer schrappeln mit ihren Turn- oder Bergschuhen über die filigrane Felsoberfläche, zerstören in wilder Panik Griffe und Tritte, plärren laut durch den Forst und gefährden sich und die Umgebung. Besonders uncool scheint die Verwendung von (dringend notwendigen) Helmen und Ganzkörpergurten zu sein.

Mindestausrüstung pro Person Klettergurt, Helm, Kletterschuhe

Dauer des Kletterns pro Person max. 15 min

Vorteile
- Erlebnis hat einen gewissen Ernsthaftigkeits- und Echtheitscharakter
- Natur- und Umweltgedanken können effektiver nahe gebracht werden

Nachteile
- redundante Sicherung nur schwierig realisierbar
- bei Massenbetrieb leidet die Natur erheblich
- Reproduzierbarkeit der Gefühle und Prozesse ist schwieriger als auf einer standardisierten Anlage
- Eine ideal abgeschirmte Trainingsumgebung kann nicht garantiert werden (Konflikte mit Kletterern, Vogelschützern, Naturschützern etc.)
- stark wetterabhängig
- Steinschlag- und Sturzgefahr
- schnelles Abgleiten ins sportliche
- Transfer in der Arbeitsalltag schwierig

Fazit Klettern ja, jedoch in Maßen und nachdem alle anderen HighEvents bei den Teilnehmern bereits bekannt sind.

13.3 ... und Abseilen

Gehört meistens als Highlight zum Klettern dazu, wird aber auch separat angeboten. Mit einer Seilbremse (im Regelfall die sog. Abseilacht) begeben sich die Teilnehmer von oben nach unten. Der Businesstransfer ist mir schleierhaft. Lernen die Manager, wie man sich in kritischen Situationen richtig „abseilt"? Hier hat sich die redundante Sicherung weit gehend durchgesetzt. Die Teilnehmer werden mit einem zusätzlichen Seil durch einen Trainer gesichert. In seltenen und verabscheuungswürdigen Fällen wird mit einer Selbstsicherung gearbeitet.

Abseilen macht nur Spaß, wenn man richtig frei hängt. Es besteht jedoch immer die Gefahr, dass sich das Abseilgerät verklemmt oder – je nach Typ – versagt. Dann ist selbst bei geübten Kletterern der Jammer groß, denn die Person muss aus luftiger Höhe geborgen werden, bevor der Kreislauf zusammenbricht – was unter Stress (und der kommt mit Gewissheit auf) ziemlich schnell geht.

Dauer pro Person 2:00 bis 3:00 Minuten

Mindestausrüstung pro Person Klettergurt, Helm, Abseilgerät

Vorteile und Nachteile wie beim Klettern

Fazit Abseilen als Ergänzung zum Klettern ist nahezu unumgänglich und begrüßenswert.
Ansonsten scheint es nutzlos fürs Businesstraining.

13.4 Klettersteig

Die natürliche Umsetzung des Railing-Course-Prinzips. In leichtem Gelände stecken in kurzem Abstand Haken oder Ringe, welche durch ein Seil verbunden sind. An der Person hängen zwei kurze Seilstücke, die beide möglichst immer eingehängt sein müssen. An einem Fixpunkt wird dann erst der eine und dann der andere umgeklickt. So ist gewährleistet, dass die Person immer gesichert ist. Ist jedoch die Schlange einmal unterwegs, dann gibt es kein zurück mehr. Die Freiheit zur Partizipation ist genommen.

Sinnvolle Dauer 30 bis 60 Minuten

Mindestausrüstung pro Person Kombigurt, Helm, Klettersteigset

Vorteile
- mit beliebig vielen Personen simultan begehbar
- durch Kreuzchecks an den Umhängepunkten zumindest ansatzweise teamübend
- insgesamt durch viel Eigenaktivität beeindruckend für die Leute

Nachteile
- erhöhte Sturz- und Steinschlaggefahr
- Sicherung liegt in den Händen der Teilnehmer
- auf kritische Situationen kann nur schwer reagiert werden

Fazit Wenn es schon etwas mit Natur und Wald sein muss, dann am ehesten noch ein schöner, kleiner, leichter und überschaubarer Klettersteig.

13.5 Segeln

Im holländischen Wattenmeer, zwischen idyllischen Inseln, schippern aufgemotzte Segelschiffe über die flachen Wellen. Aufgemotzt dergestalt, dass da, wo früher Mist und Kohle an ihren Bestimmungsort schaukelten, nun Touristen in den nachinstallierten Kojen liegen, essen und duschen. Es gibt alle Größen von Booten, von sechs bis fünfzig Passagieren plus zwei, drei Skipper. Allen gemein ist das Bestreben nach Fortbewegung allein durch die Kraft des Windes. Dieser kann übrigens ziemlich nass und kalt sein – eine Herausforderung für Motivationstrainer. Alle Boote haben zusätzlich Motoren, um Hafenmanöver und Flauten zu bestehen. Die Steuerung erfolgt durch die Skipper, alle Segelsetz-, Dreh-, Wickel-, Putz-, Koch- und Wendemanöver werden durch die Passagiere bewältigt. Kurs und Ziel bestimmen die Passagiere im Einvernehmen mit Skippern sowie den meteorologischen und maritimen Bedingungen.

Für das Businesstraining bietet die Segelei eine ganze Menge. Eingepfercht auf einem engen Kahn braucht man nicht lange auf Konflikte warten. Die ständige körperliche Arbeit schweißt immer wieder zusammen und gibt das Gefühl, etwas geschafft zu haben. Normalerweise wird für die Nacht ein Hafen angefahren, man kann jedoch auch „trockenfallen". Dazu schiebt der Skipper das Flachbodenschiff mit Gewalt auf eine potenzielle Sandbank und einige Stunden später kann man draußen Fußball spielen, grillen oder LowEvents abhalten. Hinsichtlich des Naturerlebnisses und der Erfüllung sämtlicher Kinder-Piratenschiff-Träume ist das Segeln unübertroffen. Gleichfalls um eine schwierige Gruppe zu bändigen und sehr intensive Erfahrungen zu vermitteln.

Dauer drei bis fünf Tage

Vorteile • sehr gute Trainingsplattform mit unendlich vielen Möglichkeiten
(Kursplanung unter Berücksichtigung von Ebbe und Flut, Steuerung des
Schiffes, Organisation und abhalten der Segelmanöver etc.)
• keiner kann sich unerlaubt absetzen

Nachteile • ziemlich teuer
            • sehr wetterabhängig
            • Möglichkeit der Seekrankheit
            • keiner kann sich erlaubt absetzen (Freiheit zur Partizipation ist genommen)
            • Erlebnisse und Abläufe kaum reproduzierbar

Fazit Wer auf ein Hochleistungsteam und/oder erstklassige Führungskräfte angewiesen ist, sollte Segeln mit einem guten Trainingsrahmen und einem guten Trainer in Erwägung ziehen.

13.6 Canyoning

Im Laufe von zigtausenden Jahren haben Wasserläufe tiefe Schluchten ins Gestein gefräst. Das Material wurde teilweise mit chemischer Unterstützung, teilweise durch mitgeführte Abrasivstoffe, durch Wind und Wetter herausgelöst und weit hinweggespült. Die brutale Kraft des Wassers riss kantige Blöcke mit sich und schliff diese rund und glatt. Dieser Zyklus der Natur ist jedoch so langsam, dass er uns weit gehend beendet scheint, die Canyons sind sozusagen fertig, die größte Gefahr droht nun von biologischer Seite durch Überdüngung. Es stapfen, schwimmen, springen und seilen hunderte Menschen durch die nasskalten Eingeweide der Erde, um deren bizarre Formen und Farben zu bewundern, sich an (manchmal noch) kristallklarem Wasser zu ergötzen, sich unter lautem Geplärr in tiefgrüne Gumpen plumpsen zu lassen und sich immer wieder einzureden, ein Abenteuer zu bestehen. In der Tat, es ist abenteuerlich und faszinierend, diese prächtigen Figuren und Schattierungen zu genießen, dieses Gefühl von absoluter Frische im rauschenden Wasser. So faszinierend, dass Jahr für Jahr mehr Leute in diesen Schluchten tödlich verunglücken. Bei Regen nämlich wird der enge Schlund zur ausweglosen und tödlichen Falle. Dann kommt das Wasser angetost wie in Urzeiten und reißt alles mit sich: Bäume, Steine, Schafe und Menschen.

Trotz alledem ist das Canyoning eine der schönsten und interessantesten Outdoor-Aktivitäten schlechthin. In der Sierra de Guara am spanischen Rande der Pyrenäen befinden sich die wohl kundenfreundlichsten Schluchten Europas. Auf jedem Zeltplatz werden Neoprenos verliehen, man kann Guides buchen und die große Fülle von verschiedenen Wasserläufen, konzentriert auf einem kleinen Raum genießen. Was ergibt sich nun daraus für das Business-Training? Eine reizvolle Aktivität, die sich schwer in einen Trainingskontext betten lässt. Ein intensives, beinahe schon extremes Gruppenerlebnis, welchem sich fast niemand entziehen kann (im wahrsten Sinne des Wortes). Leider wird dadurch der Transfer erschwert. Eben weil Canyoning so exotisch und extrem ist, fällt eine Umsetzung in alltägliche Verhaltensmuster äußerst schwer. Planungs- und Sicherheitsdienste können an die Teilnehmer kaum abgegeben werden. Erstens ist das alles zu komplex und zweitens sind die Teilnehmer viel zu sehr mit überleben und frieren beschäftigt.

Zum Canyoning ist ein externer und vertrauenswürdiger Anbieter unerlässlich. Der Verleih von Ausrüstung und die Führung selbst bringen Geld, viel Geld. So viel, dass Anbieter immer wieder trotz unsicherer Wetterlage einsteigen und mit den ihnen vertrauenden Kunden (tödlich) verunglücken.

Sinnvolle Dauer zwei bis vier Stunden

Mindestausrüstung pro Person Neoprenanzug, Helm, Klettergurt, Abseilgerät, Standschlinge

Vorteile   • einmaliges Naturerlebnis
   • wirkt sehr verbindend und Energie aufbauend

Nachteile   • objektiv gefährlich
   • Unterbrechungen im Allgemeinen nicht möglich
     (d.h. komplizierter Abtransport von Verletzten, Gefahr der Unterkühlung)
   • kosten- und materialintensiv
   • nur für sportliche und gesunde Menschen geeignet

Fazit Eine ganz außergewöhnliche Aktion, jedoch nicht ohne Risiko. Anbieter mit äußerster Sorgfalt wählen. Es gibt einen Verein der Canyoninganbieter, der sicherlich wertvolle Tipps geben kann.

13.7 Rafting

Mit einem Schlauchboot – vorzugsweise im weißen Wasser – fährt eine aufgeregte und nassgespritzte Menge zu Tale. Vermeintlich das Teamerlebnis schlechthin. Leider funktioniert so eine Tour immer dann am besten, wenn alle bedingungslos und sofort genau das tun, was der „Kapitän" befiehlt. Für einige Firmen möglicherweise in der Tat die ideale Funktionsweise eines Teams. Versucht man mit großer Mühe, konsensorientierte Teamarbeit, konsensorientierte Entscheidungsfindung und letztlich Sozialkompetenz zu vermitteln, kommt Rafting nicht infrage. In einem ernsthaften Trainingsprozess ist es für mich schwer vorstellbar, einen Tag damit zu verschwenden. Es gibt keine eigenen Entscheidungs- oder Problemlösungsprozesse, keine Konflikte, keine Diskussionen, keine Ideen, keine Kreativität, lediglich wilde Wir- und Angstgefühle. Eventuell, ganz am Ende eines Prozesses, wenn alle anderen Möglichkeiten schon ausgeschöpft sind, könnte man vielleicht als Belohnung für sehr gute Arbeit der Gruppe eine Tour unternehmen. Dann allerdings wird das Team wohl schon selbst genau überlegen, ob diese Zeit und dieses Geld wirklich richtig investiert wird.

Mindestausrüstung pro Person Helm, Schwimmweste, Neoprenanzug

Vorteile
- eine spaßige Aktivität
- Natur- und Actionerlebnis

Nachteile
- keine Prozessorientierung
- objektiv gefährlich
- Ausstieg / Abbruch schwierig

Fazit Trägt in einem Trainingsprozess kaum zum Gelingen bei, aber wenn es denn unbedingt sein muss ...

13.8 Feuerlauf

Das Leidenfoß'sche Phänomen behütet unsere Körperoberfläche an den meisten Stellen vor Beschädigung durch extreme Temperaturen. Bei zu großer Hitze oder Kälte schützt uns das in der Haut befindliche Wasser kurzzeitig. Beispielsweise große Wärmemengen werden durch Verdampfung ausgeglichen. Allerdings wie bei einem Airbag: So richtig klappt es nur einmal. Danach gibt es Brandblasen und etwas später Steak. Leidenfoß, gepaart jedoch mit dem sehr geringen Wärmeübergang an der Oberfläche von Holzkohle kann echte Helden erzeugen: und die gehen durchs Feuer. Ob und wie der Funke allerdings auf den Alltag überspringt ist zumindest im Businessbereich genau zu hinterfragen. Feuerlauf kann liebevoll angeleitet im privaten Bereich sicherlich sogar eine Art Therapie sein, überträgt man jedoch die Struktur auf das Geschäft, hat man Tapfere und Feige, Draufgänger und Zögerer, Macher und Verweigerer.

Wie läuft nun ein Feuerlauf ab? Erst einmal die Leute verrückt machen. Dann anheizen. Die Kohlen schön gleichmäßig verteilen, nicht unbedingt länger als fünf bis sechs Meter, bitte. Ans Ende der Strecke kommt ein Wasserbecken oder ein nasses Stück Schaumgummi – für den Fall, dass sich ein Stückchen der heißen Ware zwischen den Zehen einquartiert hat. Auf keinen Fall sollten noch Flammen züngeln: Wie beim Grillen reicht die Glut völlig aus, sonst werden die Beine unsanft enthaart. Nun treibe man die aufgeputschte Herde über die Kohle. Praktischerweise gibt es links und rechts der Kohle einen Gang, um die Teilnehmer mit Schwung drüberzuhebeln. Augen zu und durch. Eine verbesserungswürdige Strategie mit Konflikten umzugehen, oder?

Ich bin sicher, es gibt viele Feuerwerker, die gute Arbeit leisten, trotzdem ist der Feuerlauf nicht der Weg zu konsensorientierter Teamarbeit oder Führung.

Dauer drei bis fünf Sekunden

Vorteile
- Romantik- und Mystikfaktor = 100 Prozent
- große Freude über den unerwarteten Nutzen von etwas empfinden, was im Alltag eher ärgert: Schweißfüße.

Nachteile
- Spaltung und Kategorisierung der Teilnehmer
- Gefahr von Verbrennungen
- hat einen unseriösen Touch

Mindestausrüstung jede Menge glühende Kohlen, die Feuerwehr und eine gute Versicherung

Fazit Na ja, wer das gerne tun möchte, interessant und spaßig ist es allemal, der sollte es privat machen.

Vorbereitung auf ein Training

14

14 Vorbereitung auf ein Training

14.1 Wie bereitet man die Teilnehmer vor?

Am besten mit einem schriftlichen Briefing! Erkläre, was du tust (siehe vorn im Buch), was du nicht tust (Würmer essen, sportliche Übungen, Wettkämpfe, übernachten im Freien) und was seitens der Teilnehmer gebraucht wird: wettergerechte Freizeitkleidung, Wechselkleidung, festes Schuhwerk, Mütze, Handschuhe ... Betone schon vorher die Freiwilligkeit der Teilnahme, dass jeder für sich selbst entscheiden kann, wie weit er oder sie geht, und dass es genau um diese Entscheidung geht.

14.2 Wie bereitet man sich selbst vor?

Egal wie viel Zeit man den Leuten für eine Übung gibt, meistens brauchen sie einen halbe Stunde länger! Beim Aufbau verhält es sich kurioserweise genauso! Egal wie viel Zeit du hast, du wirst immer auf den letzten Drücker fertig. Dringende Empfehlung: Baue nie eine Übung aus dem Stegreif auf! Probier vorher aus, wie lange du brauchst und was du brauchst! Denke immer an eine Schlechtwetteralternative. Bei knappen Personenzahlen kann eine fehlende Person deinen Plan kippen (Vertrauensfall nur elf statt zwölf Leute!) – sorge für Alternativen. Bleibe mit allen Entscheidungen hinsichtlich der Durchführung bestimmter sicherheitskritischer Übungen (Wetter, zu wenig Leute, kranke Leute etc.) immer auf der sicheren Seite! Bereits ein angeknackster Knöchel kann deine Outdoor-Karriere beenden.

14.3 Drumherum

Ein voller Bauch studiert nicht gern – ein hungriger übrigens auch nicht. Ein Outdoor-Training wird überwiegend im Freien stattfinden. Und meistens wird die Klientel lange Aufenthalte an frischer Luft als sehr anstrengend erleben. Es ist daher explizit für Speisen und Getränke zu sorgen. Getränke sollten jederzeit problemlos zur Verfügung stehen. Der Flüssigkeitsverlust ist enorm und muss ausgeglichen werden. Bei kaltem oder regnerischem Wetter muss immer die gesamte Gruppe über ein Fortführen des Trainings entscheiden. Und zwar im Konsens. Demokratie (Abstimmen) ist hier völlig fehl am Platze – schließlich soll niemand krank oder unterkühlt nach Hause gehen. Selbstverständlich sollte sich auch eine ausreichend dimensionierte Toilette in der Nähe befinden. Die Pausen sind stets so zu legen, dass immer genügend Zeit ist, um dem Körper notwendige Stoffe zuzuführen bzw. um bereits verarbeitete Stoffe abzuführen. Die Übungen sind anstrengend genug, da braucht es nicht noch unruhig von einem Bein aufs andere tanzende Teilnehmer.

Beispiel-abläufe für reine Outdoor-Trainings

15

15 Beispielabläufe für reine Outdoor-Trainings

Die Beispielpläne sollen in etwa ein Gefühl vermitteln, wie Übungsabfolgen aussehen können. Aber Achtung: Es gehören auch kontextabhängige Indoor-Inhalte (z.B. Komfortzone, Teamuhr etc.) mit dazu! Diese sind hier nicht explizit aufgezählt, da sie abhängig sind von Ziel, Zielgruppe, Trainingsdauer, Begleitmaßnahmen, Trainerqualifikation, Situation usw.

Folgende Regeln lassen sich ableiten:

- leicht anfangen
- schwere Übungen in die Vormittagsstunden legen
- anstrengende Übungen vor längere Pausen legen
- nach dem Essen Übungen mit Bewegung ohne körperliche/geistige Anstrengung durchführen
- nie mehrere Blind-/Bastelübungen nacheinander (Blindflug, Nightline/Flying Egg, Schleuder) einplanen
- kurze und lange Übungen mischen
- mit einer integrativen Übung (an der alle beteiligt sind) enden
- Die Abschlussübung sollte ein Erfolg sein und die Leute mit einem positiven Gefühl nach Hause schicken.

15.1 Beispielablauf für ein 1-Tagestraining

Ablaufplan

Zeit	Dauer	Übung
09:00	01:30	Blindflug
10:30	00:15	Pause
10:45	01:30	Vertrauensfall
12:15	01:00	Pause
13:15	01:00	Gratwanderung
14:15	00:15	Pause
14:30	02:00	Spinne
16:30	00:30	Mission
17:00		Ende

15.2 Beispielablauf für ein 2-Tagestraining

Erster Tag			Zweiter Tag		
Zeit	Dauer	Übung	Zeit	Dauer	Übung
08:30	01:30	Blindflug	09:00	00:45	Gratwanderung
10:00	00:15	Pause	09:45	00:15	Pause
10:15	01:30	Vertrauensfall	10:00	02:00	Spinne
11:45	01:00	Pause	12:00	01:00	Pause
12:45	02:00	Hochseil	13:00	02:00	Pipeline
14:45	00:15	Pause	15:00	00:15	Pause
15:00	02:00	Mast	15:15	00:30	Mission
17:00		Ende	15:45		Ende

15.3 Beispielablauf
für ein 3-Tagestraining

Erster Tag			Zweiter Tag			Dritter Tag		
Zeit	**Dauer**	**Übung**	**Zeit**	**Dauer**	**Übung**	**Zeit**	**Dauer**	**Übung**
08:30	01:30	Blindflug	09:00	00:45	Gratwanderung	08:30	00:45	Trolley
10:00	00:15	Pause	09:45	00:15	Pause	09:15	01:30	Nightline
10:15	01:30	Vertrauensfall	10:00	02:00	Spinne	10:45	00:15	Pause
11:45	01:00	Pause	12:00	01:00	Pause	11:00	01:30	Bombe
12:45	02:00	Hochseil	13:00	02:00	Pipeline	12:30	01:00	Pause
14:45	00:15	Pause	15:00	00:15	Pause	13:30	00:30	Stepping Stones
15:00	02:00	Mast	15:15	01:00	Riesentangram	14:00	01:00	Blinde Figuren
17:00		Ende	16:15		Ende	15:00	00:30	Stein
						15:30		Ende

15.4 Übersicht nach Grobzielen

Übung	Sozial-kompetenz	Führungs-kompetenz	Team-kompetenz	Kunden-orientierung	TQM	Problem-lösung
Blindflug	••	•••	••			•
Nightline	•	•••	••			••
Blinde Figuren	•	•••	•		••	•••
Trolley		••	•			•
Animal Shuffle		•	•			•
Acid River	•	•	•			••
Gratwanderung	••	••	••		•	
Stein			•			
Stepping Stones	•	••	••			••
Big A	•	••	•	••		•
Reifenpendel	•		••		•	•
Mission	•	••	••		••	•
Hard Mission	•	•••	••		••	••
Flying Egg	•	•	•			••
Schleuder	•		•			••
Schiffe versenken		•			••	•••
Riesentangram	••	•••	•••			•••
Kreispuzzle	••	••	••			•••
Vertrauensfall	•••		••	•••	•	
Spinne	•••	••	•••	•••	•••	•••
Bombe	•	•	•		•••	•••
Pipeline	••	••	•		••	
Floß	••	••	••			•••
Brücke						
Pfadfinder	•	••				•••
Abc-Sammeln	•	••	•			••
Hochseil	•••	•••	•••	••	•••	•
Mast	•••	•••	•••	••	•••	•
Übung	Sozial-kompetenz	Führungs-kompetenz	Team-kompetenz	Kunden-orientierung	TQM	Problem-lösung

Empfehlung
für Indoors

16 Empfehlung für Indoors

Einige Übungen werden zum sofortigen Einsatz empfohlen. Sofort bedeutet, dass ohne großes Hintergrundwissen und großartiges Outdoor-Know-how angefangen werden kann. Die Übungen zeichnen sich aus durch:

- sehr kurze Aufbau-/Abbauzeit
- notfalls saubere Durchführung in einem Raum möglich
- im Auto leicht transportabel
- keine besonderen körperlichen Anforderungen an die Teilnehmer und deren Kleidung

Riesentangram, Spinne, Mission, Acid River, Gratwanderung, Schiffe versenken, Flying Egg, Animal Shuffle, Kreispuzzle, Blinde Figuren, Schleuder

Quellen

17

17 Quellen

Da dieses Buch über lange Zeit hinweg entstanden ist, lassen sich die Quellen nur noch spärlich nachvollziehen. Anfangs war die Sache nur als Handreichung für Teilnehmer geplant, da spielten Quellen keine Rollen. Also, woher kommt das Ganze?

Indoor
- alte Skripten und Unterlagen aus meinem Studium
- diverse pädagogische Fachliteratur
- Unterlagen von Wilfried Zaremba
- Seminarprotokolle gemeinsamer Veranstaltungen mit Wilfried Zaremba
- Erfahrungen aus diversen Seminaren
- Gespräche mit Teilnehmern
- Zeitungsartikel

Outdoor
Die Übungen sind mehr oder weniger Allgemeingut. Den wahren Urheber zu ermitteln, scheint fast unmöglich. Relativ viel steht schon in ähnlicher Form in Rohnke- und Butler-Büchern von Project Adventure. Manches wurde auch irgendwo aufgeschnappt und dann weiterentwickelt. Nicht zuletzt entstanden Übungen während meiner Arbeit bei Outdoor Unlimited, Kaiserslautern. Ganz am Anfang stand ein Rope-Course-Trainer-Training durch Walter Siebert aus Wien.

Index

18

18 Index

 **ziel:Buchreihe:** # Praktische Erlebnispädagogik

Melanie Kappl und Ludwig Bertle

Erlebnis Winter

Bausteine für alternative Winterfreizeiten
2002, 262 Seiten, Format 20 x 24 cm
231 Fotos/Abb./Grafiken
z.T. Vierfarbdruck
19,80 €/35,– sFr *Neuerscheinung*
ISBN 3-934214-73-8 (Softcover)

Stefan König und Andrea König

Outdoor-Teamtrainings

Von der Gruppe zum Hochleistungsteam
2002, 260 Seiten
Format 20 x 24 cm
76 Fotos/Abb./Grafiken
19,80 €/35,– sFr *Neuerscheinung*
ISBN 3-934214-77-0 (Hardcover)

Christoph Sonntag

Abenteuer Spiel

Handbuch zur Anleitung kooperativer
Abenteuerspiele
2002, 158 Seiten, Format 20 x 24 cm
37 Fotos/Abb./Grafiken
17,80 €/31,50 sFr *Neuerscheinung*
ISBN 3-934214-72-X (Hardcover)

Annette Reiners

Praktische Erlebnispädagogik

6. überarbeitete Auflage 2003, 160 Seiten,
Format 20 x 24 cm, 39 Fotos/Abb./Grafiken
17,80 €/31,50 sFr
ISBN 3-934214-85-1 (Softcover)
22,80 €/39,– sFr *Bestseller!*
ISBN 3-934214-88-6 (Hardcover)

Hans-Peter Hufenus

Handbuch für Outdoor-Guides

Theorie und Praxis der Outdoorleitung
2. überarbeitete Auflage 2003
219 Seiten, Format 20 x 24 cm
76 Fotos/Abb./Grafiken
19,80 €/35,- sFr
ISBN 3-934214-93-2 (Softcover)

F. Hartmut Paffrath, Alex Ferstl (Hrsg.):

Hemmungslos erleben? Horizonte und Grenzen

2001, 344 Seiten, Format 20 x 24 cm
161 Fotos/Abb./Grafiken
19,80 €/35,– sFr
ISBN 3-934214-65-7 (Hardcover)

Anke Schlehufer, Steffi Kreuzinger

Natur – Erlebnis – Ferien

2. Aufl. 1998, 195 Seiten, Format 20 x 24 cm
203 Fotos/Grafiken
16,80 €/29,50 sFr
ISBN 3-934214-37-1 (Hardcover)

Stephen Bacon

Die Macht der Metaphern

2. überarbeitete Auflage 2003
134 Seiten, Format 20 x 24 cm, 8 Fotos
16,80 €/29,50 sFr
ISBN 3-934214-94-0 (Hardcover)

Fordern Sie den aktuellen Verlagskatalog an oder sehen Sie ins Internet: www.ziel.org

 **ziel**

Der Erlebnispädagogik-Fachverlag

Bestellungen bitte an:

ZIEL – Zentrum für interdisziplinäres
erfahrungsorientiertes Lernen GmbH
(vormals Fachverlag Dr. Sandmann)
Neuburger Str. 77, 86167 Augsburg
Tel. (08 21) 72 44 77, Fax (08 21) 72 44 55

Die Bücher unserer „gelben Reihe" zu erlebnispädagogischen und handlungs-
orientierten Themen – meist im Hardcover – sind eine ideale Verknüpfung
von theoretischem Wissen und Anwendung in der Praxis. Die anregende
und abwechslungsreiche Gestaltung, anschauliche Grafiken und die verständ-
liche Sprache erhöhen den Gebrauchswert der Publikationen.

 http://www.ziel.org (E-Mail: verlag@ziel.org)
... und bei Ihrem Buchhändler!